交通运输部"交通运输行业高层次技术人才培养项目"

（人教人才［2017］518 号）资助

公路工程技术 BIM 标准构件应用指南

四川省交通勘察设计研究院有限公司　组编

机械工业出版社
CHINA MACHINE PRESS

本书主要介绍了BIM技术在交通运输行业的国内外运用情况，并分析了BIM构件标准化的现状。

本书分为8章。第1章概述BIM起源、发展、现状及标准化的重要性，第2章介绍软件平台和应用配置，第3章介绍公路工程BIM标准化应用流程，第4章对常用的术语进行说明，第5章将各类基本参数制作成表格以方便查阅，第6章详述构件的定义与表达，第7章讲解装配创建与组合，第8章以工程项目为依托介绍构件在实际应用中的价值。

本书可供开设相关课程的院校师生作为教辅使用，也可供相关从业人员参考使用。

图书在版编目（CIP）数据

公路工程技术BIM标准构件应用指南 / 四川省交通勘察设计研究院有限公司组编 . —北京：机械工业出版社，2019.12

ISBN 978-7-111-64204-6

Ⅰ . ①公… Ⅱ . ①四… Ⅲ . ①道路工程—计算机辅助设计—应用软件

Ⅳ . ①U412.6

中国版本图书馆CIP数据核字（2019）第263069号

机械工业出版社（北京市百万庄大街22号 邮政编码100037）

策划编辑：刘志刚 责任编辑：刘志刚 范秋涛
责任校对：刘时光 封面设计：张 静
责任印制：孙 炜

保定市中画美凯印刷有限公司印刷

2020年2月第1版第1次印刷

184mm×260mm · 13.25印张 · 328千字

标准书号：ISBN 978-7-111-64204-6

定价：79.00元

电话服务 网络服务

客服电话：010-88361066 机 工 官 网：www.cmpbook.com

010-88379833 机 工 官 博：weibo.com/cmp1952

010-68326294 金 书 网：www.golden-book.com

封底无防伪标均为盗版 机工教育服务网：www.cmpedu.com

《公路工程技术 BIM 标准构件应用指南》

编审委员会

主　　任：刘四昌

副 主 任：王　屹　李　杰

委　　员：任康秀　杨小宁　李　可　郝　岭

　　　　　杨　晟

编　写　组

主　　编：朱　明

副 主 编：徐益飞　郝　岭

编　　委：何其桧　何青龙　黎宇阳　李　渴

　　　　　邱瑞成　田　文　肖　怡　张恒恺

　　　　　赵　飞　陈　洁

前　言

交通运输是国民经济中基础性、先导性、战略性产业，是重要的服务性行业。构建现代综合交通运输体系，是适应把握引领经济发展新常态，推进供给侧结构性改革，推动国家重大战略实施，支撑全面建成小康社会的客观要求，是完成"一带一路"建设、京津冀协同发展、长江经济带发展等规划的重要组成部分。

当前，随着信息技术为代表的新一轮科技革命持续推进，建筑信息模型（BIM）技术作为实现建设项目全生命期信息化、协同化、智能化的重要手段，已成为工程建设管理行业创新发展的强大动力。在交通运输部发布的"十大重大技术方向和技术政策"文件中，建筑信息模型（BIM）技术被列在了首位。BIM技术的应用可以贯穿交通基础设施的规划、勘察、设计、施工、运营维护等各阶段，实现项目全生命周期各参与方在同一多维建筑信息模型基础上的数据共享，为精细化设计、工业化建造和产业链贯通提供技术保障；支持对工程环境、能耗、经济、质量、安全等方面的分析、检查和模拟，为项目全过程的方案优化和科学决策提供依据；支持各专业协同工作、项目的虚拟建造和精细化管理，为交通运输行业的提质增效、节能环保创造条件。近年来，我国的BIM技术逐渐由建筑行业延伸到交通运输行业，在轨道交通、桥梁设计等方面取得了较好的应用效果。

本书编委会成员均为四川省交通勘察设计研究院有限公司BIM技术研究中心的一线工程师。编委会对近年来四川省各等级公路进行调研，确定公路工程勘察设计中兼容各类道路横断面所需的构件类型，根据构件类型特点明确构件相关参数、构件制作标准，并依托多个高速公路项目，完成公路工程BIM标准构件库的建立以及公路工程BIM标准化应用流程的编写工作。四川省交通勘察设计研究院有限公司作为交通运输部认定的首批国家级建筑信息模型（BIM）技术应用交通运输行业研发中心，将BIM技术应用经验毫无保留地凝结于本书，旨在推动BIM技术在交通运输行业应用发展。

在本书撰写过程中，笔者得到了众多行业专家的支持和帮助。四川省交通运输厅沈柳法主任、四川省公路规划勘察设计院有限公司陈应忠主任、中国中铁科学研究院有限公司杨永漪博士、四川省交通职业技术学院杨甲奇教授、Autodesk（中国）有限公司技术总监罗海涛，均对本书给予大力帮助，对本书主要内容提出了宝贵的意见，在此，对他们致以诚挚的感谢！

本书主要由郝岭、朱明、徐益飞、何其桧、何青龙、黎宇阳、李渴、邱瑞成、田文、肖怡、张恒恺、赵飞、陈洁等同志编写。限于编者技术水平及经验，书中难免存在错误及纰漏之处，请读者不吝指正。

编　者

目 录

第1章 概述

1.1 BIM 在交通行业中运用的背景

随着"智能化交通"理念被交通行业广泛接受，交通行业在"未来中国经济增长方式转型"的大背景下被赋予了新的时代任务。在城际层面上，如何通过建设综合交通基础设施网络，并以此推动形成区域、城乡、城际交通基础设施供给的平衡机构，最终完成交通扶贫脱贫成为目标；从城市层面上看，如何通过完善包括城市轨道交通在内的城市公共交通体系，以完成改善交通环境，减少环境污染等已成为现在交通部门及全行业需要思考的问题。

与此同时，随着信息化时代的到来，日益成熟的软件工程技术以及不断升级的软硬件配置为传统交通发展模式和信息化时代的接轨提供了可能，但如何充分利用现有的物质技术条件基础来发展交通运输新技术、新业态、新模式，并最终实现智能化交通仍然是横亘在全行业面前的一道难题。随着信息化程度的不断深入，传统的二维表达方式已不能满足行业进一步发展的要求，而 BIM（Building Information Modeling）技术经过 21 世纪第一个十年在全球工程建设行业的实际应用与研究，已被证明其是未来提升交通行业的核心技术。现阶段，BIM 技术的应用推广已成为交通行业信息化的迫切需求。

1.1.1 BIM 概念

BIM 技术，即建筑信息模型技术。Chuck Eastman 博士于 1975 年最早提出了建筑信息模型的构想，他认为建筑信息模型应包括不同专业的所有信息、功能以及性能要求，应将一个工程项目中的建筑全生命周期的所有信息全部统一整合到一个三维模型中。

Autodesk 公司于 2002 年首先提出了"建筑信息模型"的概念，他们认为建筑信息模型是在建筑物的设计和构造过程中，创建和使用的"可计算的数码信息"。

国际标准组织设施信息委员会（Facilities Information Council）给出 BIM 的定义是：BIM 是在开放的工业标准下，对设施的物理和功能特性及其相关的项目全寿命周期信息以可运算的形式表现，从而为决策提供支持，以更好地实现项目的价值。2017 年国家住房和城乡建设部颁布的《建筑信息模型应用统一标准》将 BIM 定义为：在建设工程及设施全生命期内，对其物理和功能特性进行数字化表达，并依此设计、施工、运营的过程和结果的总称。

总结来说，建筑信息模型应该满足两个特性：

1）数字化表达：建立虚拟的建筑工程三维模型并提供完整的、与实际情况一致的建筑工程信息库。该信息库不仅包括建筑的几何及构件性能等物理信息，还应该包括建造过程、施工进度、维护管理等过程和功能信息。

2）建筑信息模型应覆盖建设工程及设施全寿命周期，即建筑的设计、施工、运营乃至建筑全寿命周期的终结。

1

1.1.2　BIM 技术国内外发展现状

BIM 是从美国发展起来，逐渐扩展到欧洲、日本等发达国家，目前 BIM 在这些国家的研究深度和应用水平都达到了一定程度，其中又以美国的应用最为广泛和深入。美国 1/3 企业对 BIM 技术使用率已达到 60% 以上。而在美国政府负责建设的项目中，BIM 使用率已达到 100%。在一些亚洲国家或地区，BIM 技术也得到了重视与推广。在日本，BIM 应用已拓展到全国范围，并上升到政府推进的层面。在韩国，部分政府机关已经致力于 BIM 应用标准的制定。

我国对于 BIM 技术的研究起步较晚，但近几年来全国范围内掀起了对 BIM 研究的热潮。据中国 BIM 应用价值研究报告（2015）指出，上海有 32% 的项目应用了 BIM 技术，领先于全国各地，华北地区（28%）和华南地区（26%）紧随其后；北京地区有 20% 的项目采用了 BIM 技术。

根据我国近年来 BIM 典型应用案例分析可得出，BIM 技术在设计和优化设计阶段中的应用已经较为成熟，但在实际应用中也暴露出了许多问题，例如 BIM 软件线下服务缺失；不同阶段 BIM 软件在并行、兼容方面存在问题，致使数据流通不畅；以及 BIM 未参与施工以及后续的运营管理工作等问题。特别对于交通行业来说，全行业对 BIM 的认知及使用仍然有限，应用范围远不及建筑行业广泛，相关的技术水平也不及建筑行业成熟。

1.2　BIM 技术发展展望

1.2.1　BIM 技术对比传统模式的优势

与传统 2D 模式相比，BIM 所创建的 3D 数字化模型的优势突出体现在以下几个方面：

（1）立体化　相较于传统 2D 模式，BIM 技术的应用能够将一些比较复杂的三维形态清晰地反映出来，在 3D 模型的帮助下，设计人员能够更加直观地表现设计成果。

（2）准确性　通过 BIM 技术创建的建筑物模型的精细程度是传统 2D 设计无法比拟的，引用先进的算法甚至可以将计算精度精确到单个构件。

（3）协同性　BIM 可以提供随实际工程变更而随时更新的模型，当设计参数修改时，BIM 模型会自动修改此参数相关联的所有数据信息。

合理利用 BIM 技术的优势可创造出信息高度集成化的平台，建筑工程项目的相关利益方可以进行信息交换和共享。利用 BIM 技术的这个特性，可集中缓解甚至解决交通项目的一些问题，如系统复杂、专业种类多，各种信息类型复杂，信息共享和沟通不便，参与方多，协调难、项目周期长、传统信息传递模式导致项目中的信息流失和传递不流畅等。

1.2.2　BIM 技术面临的挑战

BIM 带来的信息化技术革新是交通工程未来发展的必然趋势，也是贯彻落实"十三五"规划以及交通部"智慧化交通"的必然需要。目前，我国对 BIM 技术的应用尚处于初级阶段，尽管 BIM 技术在设计和施工方面的应用已经较为成熟，但后续仍然有巨大的开发提升空间。

未来，将 BIM 技术的应用拓展到交通工程的全生命周期是交通工程技术升级和革新的方向。针对目前 BIM 技术在交通工程中应用特点，BIM 技术在未来应从以下几个方面进行完善。

1）在应用标准层面。政府引导 BIM 技术标准化和规范化。不同于美国的市场主导模式，在我国，BIM 技术的推广、应用以及标准编著都需要依靠政府引导。随着 BIM 技术在各行业逐渐推广，国家及地区陆续出台了相关的 BIM 技术规范。但针对交通行业的 BIM 技术规范仍然缺失，各地区出台的规范仍没有统一标准。对于这一现象，政府和全行业应该共同努力完善交通行业体制、规范。

政府需编制国家标准、完善相关技术政策和法规制度；其次，政府应加强 BIM 技术质量监管，引导并监督整个行业应用 BIM 技术标准指导生产。对于已有的行业地方标准、企业标准，政府还需对其进行标准化审批；最终达到引导 BIM 的应用向标准化、规范化方向建设的目的，实现 BIM 应用价值最大化。

2）在应用技术层面。国内外现在使用的 BIM 软件仍然无法完美符合实际工程的需要，未来可在以下两方面进行提升：

一方面，提升各种 BIM 软件在项目各阶段的交互性，真正发挥其平台的数据交流共享的作用。交通项目由于其自身的复杂性，涉及不同应用方、不同专业、不同项目阶段。各参与方所在领域使用软件时常互不兼容。想要真正达到 BIM 在项目全寿命周期的使用，必然要提升软件之间的兼容性与互操作性。最终实现各参与方在平台进行对话，实现数据的共享与交流。

另一方面，BIM 软件的二次开发以增强其本土化特质。国际上主流的 BIM 软件有 Autodesk、Bentley 和 Dassault Systemes S.A 等公司开发的 BIM 系列软件。国内有鲁班 BIM 系统软件等。国内的 BIM 软件以其本土化的特质和较强的专业性占据了一定的市场份额。而国际上主流的 BIM 软件多以其强大的平台功能著称，以行业领先者 Autodesk 公司为例，旗下研发的一系列 BIM 软件不仅可以全程参与从 BIM 核心建模到 BIM 模型分析过程，并且还为用户方提供了插件接口。用户可针对自身需求进行二次开发，灵活定制和开发插件。

以 BIM 标准为依据，以软件为技术支持，使 BIM 技术在未来不仅作为技术介入项目的设计、施工等工程前期，更能发挥平台作用介入项目的后续管理运营中，使各阶段成果数据进行有效管理集成，着实解决 BIM 在运营阶段中运用的断层，最终推动 BIM 在项目的全寿命周期的综合应用，使 BIM 技术切实地提升我国交通建设行业的生产力水平。

1.3　BIM 标准化

1.3.1　BIM 标准的类型

BIM 标准，即建筑信息模型标准。这个标准不仅应该包含数据模型传递的数据格式标准以及模型中各构件的命名，还应包括不同参与方之间交付传递数据的细度、深度、内容与格式等的规定。

BIM 标准目前在国际上主要分为两类：一类是由 ISO 等认证的相关行业数据标准，另一类是各个国家针对本国建筑业发展情况制定的 BIM 标准。

（1）行业数据标准　行业数据标准主要分为 IFC、IDM 和 IFD 三类（表 1-1），这是实现 BIM 价值的三大支撑技术。

表 1-1　IFC/IDM/IFD 标准分类

标准	类别	内容
IFC （Industry Foundation Class）	工业基础类	信息交换标准格式；存储工程项目全生命周期的信息，包括各类不同软件、不同项目参与方以及项目不同阶段的信息
IDM （Information Delivery Manual）	信息交付手册	满足信息需求定义的标准；将收集到的信息标准化，使得数据可以在各软件系统间交互流通
IFD （International Framework for Dictionaries）	国际数据字典	包含了 BIM 标准中每个概念定义的唯一标识码，使得信息在不同文化、语言背景的传递中不会产生偏差

（2）国家 BIM 标准　随着 BIM 标准的发展，各国都开始了制定适合本国的 BIM 标准的探索。下面详细叙述现阶段国内外 BIM 标准的发展现状。

1.3.2　国内外 BIM 标准发展现状

1. 国外 BIM 标准的发展

美国走在 BIM 标准编制的最前沿。早在 2007 年，美国就基于 IFC 标准制定了 NBIMS（National Building Information Model Standard），这套标准是一套完整的具有指导性和规范性的 BIM 标准，规定了基于 IFC 数据格式的建筑信息模型在不同行业之间信息交互的要求，而在 2012 发布的第 2 版 NBIMS 标准拓展了 BIM 参考标准、信息交换标准与指南和应用三大部分。这两个版本的标准虽然为编制 BIM 标准提供了很好指导思路，但均未实现到操作层面上。

英国成立了由多家设计与施工企业组成的标准"AEC（UK）BIM"项目委员会，该委员会于 2009 年制定的"AEC（UK）BIM Standard"成为英国全行业的推荐标准。除此以外，英国还针对 Autodesk Revit 和 Bentley Building 两款软件发布了具有很强社会实践性的 BIM 使用标准。其他欧洲国家如芬兰、挪威、丹麦、德国也相继发布了 BIM 使用标准，其中芬兰于 2007 年发布的使用要求囊括了建筑、机电、结构、可视化、基本质量等模块，是涉及范围较为广泛的 BIM 标准。

一些亚洲国家在 BIM 标准的发展上也展现了迅猛的势头。韩国将 BIM 技术的发展上升到政府层面，多家政府机构相继发布了具有指导意义的 BIM 标准。日本政府对于建筑信息规范化的起步非常早，早在 1995 年就颁布了法规限制建筑信息在行业内规范化流通。并颁布了 CALS/EC（Continuous Acquisition and Lifecycle Support/Electronic Commerce）标准，该标准包括了建设领域信息化框架等一系列准则和操作规范。表 1-2 为近年来各国颁布的 BIM 标准。

表 1-2　近年来各国颁布的 BIM 标准

国家、地区	标准名称	发布时间
美国	General Building Information Handover Guide	2006
	BIM Guide Series	2006
	Building Information Modeling	2006
	NBIMS（Version 1/2）	2007

国家、地区	标准名称	发布时间
丹麦	Digital construction	2006
德国	User handbook data exchange BIM/IFC	2006
芬兰	BIM Requirement	2007
澳大利亚	National Guidelines for Digital Modeling	2009
韩国	National Architectural BIM Modeling	2009
英国	AEC（UK）BIM Standard for Autodesk Revit	2010
挪威	Information Delivery Manual Statsbygg BIM Manual 1.2	2009 2011
新加坡	Singapore BIM Guide	2012

2. 国内 BIM 标准的发展

在过去的几年中，我国 BIM 发展迅速，随着众多的高等院校、设计与施工单位等开始投入到 BIM 的研究中，国家也意识到颁布 BIM 标准的重要性，并逐渐开始制定并完善这一行业标准。

2009 年，清华大学与相关机构共同开展了中国 BIM 标准课题的研究，在欧特克中国研究院（ACRD）的全程支持与协作下，于 2010 年参考 NBIMS 提出了中国建筑信息模型标准框架 CBIMS（China Building Information Model Standard）。如图 1-1 所示，该 BIM 标准融合技术与应用标准，将国际 BIM 标准三大支撑体系本土化，框架中的解决方案主要是为了解决构件资源数字化问题，使用指南则是为建模和制作构件提供相应的参考标准。但这个框架对于具体的数据存储标准、流程标准尚未有定义。BIM 标准的落地仅仅依靠此框架体系远远不够。

表 1-3 列出了我国近年来颁布的关于 BIM 建设的规定。基于上述我国 BIM 的研究现状，可以看出对于 BIM 标准的研究已经开始了逐渐深入的探索，但仍处于初级阶段。

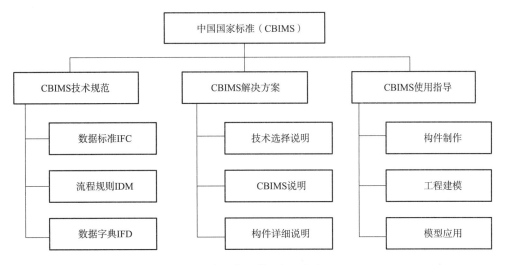

图 1-1　中国建筑信息模型标准框架 CBIMS

表 1-3　我国近年来颁布的关于 BIM 建设的规定

颁发部门	名称	时间
住建部	《2011—2015 年建筑业信息化发展纲要》	2011
住建部	《关于印发 2012 年工程建设标准规范制订修订计划的通知》	2012
北京市质量监督局	《民用建筑信息模型设计标准》	2014
辽宁省住建厅	《2014 年度辽宁省工程建设地方标准编制 / 修订计划》	2014
上海市城管会	《上海市建筑信息模型技术应用指南（2015 版）》	2015
上海市建委	《关于本市保障性住房项目实施 BIM 技术应用的通知》	2016
住建部	《2016—2020 年建筑业信息化发展纲要》	2016
住建部	《建筑工程信息模型应用统一标准》	2017

1.3.3　BIM 标准的基本框架体系

中国 BIM 发展联盟、国家以及地方政府针对各个专业发布了数十部信息交换技术标准，但大多都各自为政，互不通用，甚至互相矛盾。这与 BIM 标准的体系不相符合。

对于框架体系的研究，我国也已经开始了一些探索，清华大学提出的 CBIMS 将 BIM 标准划分为三个层级（图 1-2）。他们认为，仅仅依靠国家层面的应用标准是无法支撑整个 BIM 标准体系的发展的，BIM 标准体系的发展又必须紧扣行业、企业和地方标准。因此，BIM 标准体系应包含多个层次，上至国家标准，下至企业标准。在不同的层级上制定具体的标准，使国家标准指导行业、企业标准的实施，最终依靠企业实施标准促进 BIM 标准的落地。

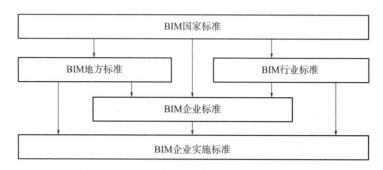

图 1-2　CBIMS 将 BIM 标准划分为三个层级

《建筑工程信息模型应用统一标准》从专业角度出发，根据数据的流动方向，将 BIM 划分为专业 BIM、阶段 BIM（包括工程规划、勘察与设计、施工、运维阶段）和项目 BIM 或全生命期 BIM 三个层次（图 1-3）。根据建筑过程将 BIM 标准逐步细化为几个阶段，通过研究各阶段内数据所需的 BIM 标准，分析各阶段数据对接上下游阶段所需的数据类型，目标为将现有 BIM 国家标准真正落实到应用层面。

实际建筑工程项目中涉及的数据体系一般都非常庞大，对所有数据笼统地进行单一规范不足以满足实践中不同层级的数据的具体要求，因此还需要制定总体的 BIM 框架，并对框架下的每个单元定制与其匹配的细节化标准和规范。最终形成一个相互联系却又不失层次性的系统框架体系，才能真正将 BIM 标准的应用落到实处，使数据在上下游达到无障碍流通。

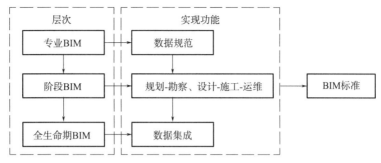

图1-3　《建筑工程信息模型应用统一标准》BIM标准系统框架

1.3.4　BIM构件标准化

构件是BIM模型的最小单位，而BIM构件标准化是BIM标准化的最小单位。想要理解BIM构件标准化的概念首先要理解构件的含义。

1. BIM构件的概念

构件最初是描述机械运动的整体系统，具体定义为：其是相互之间能做相对运动的物体，是运动的单元体。一个构件可以是不能拆开的单一整体，也可以是相互之间不能做相对运动的物体组成的刚性体。

在基于BIM技术的三维设计中，构件的定义可以引申为：具有至少一项功能的一个单元体，可以是单一实体，也可以是由几个完成辅助功能实体组合而成的集合体。不同的构件可以组合在一起，实现系统中某几项功能，形成组合件。

BIM构件是整个BIM模型中可以更换的实体组成部分，它具有不可替代的特定功能，符合整个BIM模型的接口标准，并能够与其他组成部分实现组装，最终由不同构件组成BIM模型。同时，它还具有以下特点：

1）复用性：BIM构件能够在不同的建设项目中重复使用，包括但不限于参数定义的复用、建模方法的复用以及信息属性的复用。

2）可拓展性：BIM构件能够通过改变参数值、改变平台环境、改变信息属性的形式变化为其他类型的构件。可拓展性也是BIM构件实现复用性的必要条件。

3）独立性：BIM构件能够独立实现建筑功能，并具备独立的建筑信息。

4）可连接性：BIM构件不是独立于BIM模型中，可以实现连接与组装。

2. BIM构件标准化

BIM构件标准化是实现BIM标准化的重要一环，也是实现BIM标准化的最小单元。对于符合标准化条件下的BIM构件，可以从以下几方面进行理解：

1）构件的信息属性符合BIM标准的技术规范要求。

2）构件符合BIM标准化构件库的入库要求。

3）构件包含全部的建筑信息，并且构件信息具有统一的属性要求。

4）构件能够在同一平台的不同工程项目中协同应用。

1.3.5　公路工程BIM构件标准化

目前，我国针对建筑行业的BIM标准较多，而针对交通工程，特别是公路工程的标准规范还相对较少。但公路工程 BIM 标准化建设无论从国内建筑业发展大方向还是行业内角度上来说都很有必要。从国内大环境来说，建设不同行业标准构件库也是 BIM 标准框架体系中的重要一环，符合用 BIM 技术提升我国生产建设效率的基本理念。从行业内角度来说，推广 BIM 技术在公路工程中的应用是交通行业未来的发展方向，而针对公路工程制定 BIM 标准也是实现 BIM 技术在全行业范围内应用的必然进程。

公路工程 BIM 构件标准化也是我国 BIM 标准框架体系的一部分，通过制定公路工程 BIM 标准可以填补我国 BIM 技术在公路领域的应用标准空白，丰富 BIM 标准化体系，加快我国工程建设各阶段 BIM 技术的发展步伐。针对公路专业的特征定制的公路工程标准化构件，编制的公路专业 BIM 构件专用模板，创建的公路专业构件库可以作为数据资源库，在后续的项目中只需更改少量参数就可重复利用，可大量缩短工作时间，减少工作量，提高建模效率。依靠目前 BIM 技术的发展现状提供的技术支持条件来看，公路工程 BIM 构件标准化至少可以完成以下几项目标：

1）构建公路工程 BIM 标准化构件库。

2）详细介绍公路工程 BIM 标准化构件创造方法，提供公路工程 BIM 构件标准化创建模板。

3）为我国公路工程 BIM 标准化的建立做出进一步的探索。

4）通过对创建的 BIM 标准化构件在工程中进行实证与应用，为后续公路工程 BIM 构件标准化提供一种思路。

1.4 本书内容

随着我国"十三五"规划的不断推进与交通事业的不断发展，交通行业 BIM 技术应用范围将会越来越广，应用层次也将越来越深，而公路工程 BIM 技术应用尚不完善，BIM 标准化问题日益突出。本书以 Subassembly Composer（SAC）部件编辑器作为核心基石，围绕其道路构件和各项公路数据标准化展开。首先介绍搭载环境和标准化应用流程，使读者对道路构件的应用环境与功能有大致的了解；其次介绍标准构件的术语和基本参数，从构件的最基础概念逐步建立标准化构件；接着重点详述构件的定义与表达，沿着标准构件的制定思路，将构件拆分为路面、边坡、挡墙、排水沟等模块，阐述其内在逻辑与功能，再通过装配的创建将上述模块组合成一个有机的整体发挥标准化构件的作用；最后通过 G4216 线仁寿经沐川至屏山新市（含马边支线）段高速公路等工程实例，阐述公路 BIM 标准化构件在实战中的重要价值与巨大潜力。主要包括以下内容：

1）Autodesk Civil 3D 与部件编辑器 SAC 的介绍，讲解软件自身的特点，安装流程，运行环境与软、硬件配置。

2）详细介绍定制构件的组成以及每个部分的参数设置、内部变量的逻辑关系。

3）详细介绍构件之间参数传递、代码组成以及如何相互协同作用。

4）简要介绍构件的装配、组合与使用。

5）以实际工程作为依托，讲解构件在具体应用中的工作流程和效果，发挥其实战中的价值。

第 2 章　搭载环境

2.1　构件平台

2.1.1　Autodesk（欧特克）平台介绍

本书的所有步骤和操作，全部基于欧特克（Autodesk）公司的基础设施设计软件运行。欧特克有限公司是三维设计、建筑工程及娱乐软件的领导者，其产品和解决方案被广泛应用于制造业、建筑工程行业和传媒娱乐业。自 1982 年 AutoCAD 正式推向市场以来，欧特克已针对全球最广泛的应用领域，研发出最先进和完善的系列软件产品和解决方案，帮助各行业用户进行设计、可视化，并对产品和项目在真实世界中的性能表现进行仿真分析。

在全球设计软件公司中，欧特克拥有最长的产品线和最广的行业覆盖。经过 20 多年的发展，Autodesk 公司已经建立了包括图形平台、专业三维应用、协同作业等全方位的产品线，其中专业三维解决方案涵盖了机械设计、建筑设计、土木与基础设施设计、地理信息系统、数字媒体与娱乐等多个领域。尤其在基础设施工程建设领域，一个项目在整个生命周期中的全部阶段，从方案立项、规划、设计、施工，到运营维护和日常管理等，Autodesk 都有相应的三维产品为用户服务。

继 2002 年 2 月收购 Revit 技术公司之后，欧特克提出了 Building Information Modeling（BIM）——建筑信息模型这一术语，旨在让客户及合作伙伴积极参与交流对话，以探讨如何利用技术来支持乃至加速建筑行业采取更具效率和效能的流程，将信息模型的价值拓展到设计阶段以外的广泛应用领域，并以这些信息为基础，使建筑物生命周期的施工和建筑运营阶段能够采取有效的新型协作方式并提高工作效率，以实现全方位"建筑工程生命周期管理"。随后 BIM 的理念与技术被广泛推广并获得了业界的普遍关注。

面向基础设施生命周期的欧特克 BIM 解决方案以 Autodesk Revit、Civil 3D 两款土木工程设计软件为基础，并提供一套强大的补充解决方案用以扩大 BIM 的效用，其中包括项目虚拟可视化和模拟软件，AutoCAD 文档和专业制图软件，以及数据管理和协作。欧特克基础设施设计套件提供综合性工具集，以富有成效的套装集合支持 BIM 流程。

欧特克基础设施设计套件是一款完备的基础设施 BIM 解决方案，具有用于规划、设计、建造和管理交通运输、公用事业、土地和水利基础设施的工具。借助光栅图像、概念设计、公用事业网络设计和结构工程设计的新型工具，从事土木和公用事业基础设施项目的专业人士能够更加高效地探索设计方案，更好地分析项目性能，并利用可视化功能与项目利益相关方沟通。

2.1.2　Autodesk Civil 3D 软件

Autodesk AutoCAD Civil 3D（以下称 Autodesk Civil 3D）软件是 Autodesk 公司推出的一款面向基础设施行业的建筑信息模型（BIM）解决方案。它为基础设施行业的各类技术人员提供了强大的设计、分析以及文档编制功能。Autodesk Civil 3D 软件广泛适用于勘察测绘、岩土工程、交通运输、水利水电、市政给水排水、城市规划和总图设计等众多领域。

Autodesk Civil 3D 架构在 AutoCAD 之上，包含 AutoCAD 的所有功能。同时，Autodesk Civil 3D 与 AutoCAD 有着高度一致的工作环境。通过工作空间的切换，甚至可以将 Autodesk Civil 3D 瞬间改头换面为最为熟悉的 AutoCAD 界面。除了 AutoCAD 的基本功能之外，Autodesk Civil 3D 还提供了测量、三维地形处理、土方计算、场地规划、道路和铁路设计、地下管网设计等先进的专业设计工具。用户可以使用这些工具创建和编辑测量要素、分析测量网络、精确创建三维地形、平整场地并计算土方、进行土地规划、设计平面路线及纵断面、生成道路模型、创建道路横断面图和道路土方报告、设计地下管网等。

此外，Autodesk Civil 3D 还集成了 Autodesk 公司的一款强大的地理信息系统软件——Autodesk Map3D。Autodesk Map3D 提供基于智能行业模型的基础设施规划和管理功能，可帮助集成 CAD 和多种 GIS 数据，为地理信息、规划和工程决策提供必要信息。

2.1.3　Subassembly Composer 软件 SAC

SAC（Subassembly Composer，部件编辑器）作为 Autodesk Civil 3D 软件的一个重要组件，在道路、铁路等带状线形工程中发挥着巨大作用。在 Autodesk Civil 3D 软件处理横断面数据的过程中，需要用到构件进行道路、边坡、挡墙等各种复杂流程的处理。Autodesk Civil 3D 软件自带内置构件，但由于内置构件的标准与实际需求不尽相同，国内外以及国内各省之间的道路标准也不一样，因此需要自定义构件。

自定义构件需要用到部件编辑器，部件编辑器是基于 Autodesk Civil 3D 的构件创建工具软件。构件是 Civil 3D 软件中道路的基本构造块，用于定义道路横断面，构建道路三维模型的重要组成部分。在最初版本的部件编辑器中，需要使用.NET 等代码进行编写与开发，目前的最新版本中，出现的 Subassembly Composer（部件编辑器）组件已经将其优化为可视化的界面操作，即用户可以通过图形之间的相互关系更加便捷地进行程序编辑。部件编辑器不但功能强大而且简便易用，设计师只需要通过可视化的软件界面进行编辑，即可跳过烦琐的代码编程，创建应用于实际项目的 Civil 3D 构件。

在 Autodesk 整体安装包下的 Autodesk Civil 3D 软件中附带有部件编辑器组件，但通常默认不进行安装。在用到部件编辑器时，需要重新勾选部件编辑器进行 Autodesk Civil 3D 软件的组件扩展。安装完成后进入部件编辑器界面如图 2-1 所示。

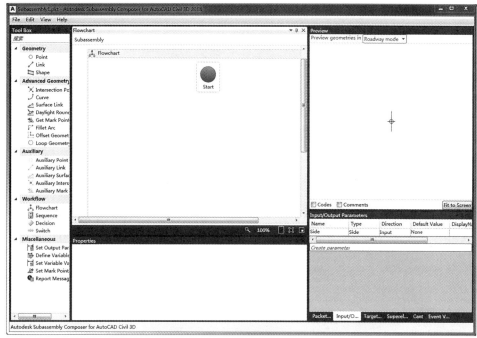

图 2-1　部件编辑器开发界面

部件编辑器的整体开发界面一共分为五个部分：

（1）预览图 Preview　预览图展现的是构件生成后的形状，随着构件编辑的深入而不断变化，只要构件代码运行能够完成，就可以表现出对应的构件形状，当代码出现问题而不能成功运行时，表现为红色线的警告标识。

（2）输入/输出参数 Input/Output Parameters　输入/输出参数是构件外置的变量，不仅可以在部件编辑器中进行设置和修改，还可以在 Civil 3D 软件中进行设置和修改。此外，参考线的设置和构件名称的设置都在输入/输出参数中设置。

（3）工具箱 Tool Box　工具箱用来向流程图中添加所需要的模块，主要有不同的点、线、面，逻辑判断，内部流程等，这是开发中最常使用的模块之一。

（4）流程图 Flowchart　流程图是开发的核心，主要表现为不同模块之间的逻辑关系。实际上是将原先 .NET 的编程可视化地表现为流程图，使得编程更加易于开发人员。

（5）属性栏 Properties　属性栏为流程图中不同的模块分别赋予代码，当代码出现错误时，属性栏本身会出现红色的感叹号，在预览图上的调试也会同步报错。

2.2　软硬件配置

本书采用 Autodesk 平台下的基础设施建模平台 Autodesk Civil 3D，并配合基于 Autodesk Civil 3D 进行的二次开发部件编辑器（SAC）进行生产建模任务。需要注意的是，应当保证所有建模人员使用的软件版本统一，避免出现文件版本新旧不兼容的问题。

2.2.1　Autodesk Civil 3D 软件建模环境搭建

建模环境搭建主要包括软件安装、插件安装、模板指定三部分。

以 Autodesk 公司推出的 IDSU2018（INFRASTRUCTURE DESIGN SUITE ULTIMATE 2018）套装中 Civil 3D 2018 安装为例进行说明。

（1）Civil 3D 安装　安装 IDSU2018 基建套装，为便于后期查找和维护，建议安装路径为默认路径安装，安装顺序可参照图 2-2~ 图 2-5 所示。

图 2-2　安装步骤（一）

图 2-3　安装步骤（二）

图 2-4　安装步骤（三）

图 2-5　安装步骤（四）

（2）部件编辑器安装　用户按照默认安装提示进行安装，系统将不会自动安装附加组件——"部件编辑器"（Subassembly Composer 2018）。"部件编辑器"作为 Autodesk 公司为 Civil 3D 用户提供的二次开发组件，对用户今后在建模过程中自定义道路横断面形式以及创建部分无法依靠 Civil 3D 自带内容完成的建模任务有重要帮助，因此建议用户安装"部件编辑器"。

初次安装 Civil 3D 的用户，可以在选择安装 Civil 3D 的同时，点击 Civil 3D 选项栏下部的灰色三角，勾选其中"部件编辑器（Subassembly Composer）"复选框（图 2-6）。若用户已经安装 Civil 3D，需重新打开 IDSU2018 安装程序，之后按上述步骤选装"部件编辑器"即可。

（3）模板文件导入　Civil 3D 是 Autodesk 对基建项目提出的大型通用解决方案，为了能尽可能满足各个行业的需求，Civil 3D 有极大的定制自由度，允许用户对诸如标注样式、标注字体、线型表示，甚至是标注符号中每一根短线进行编辑定制，且均支持参数化制作。

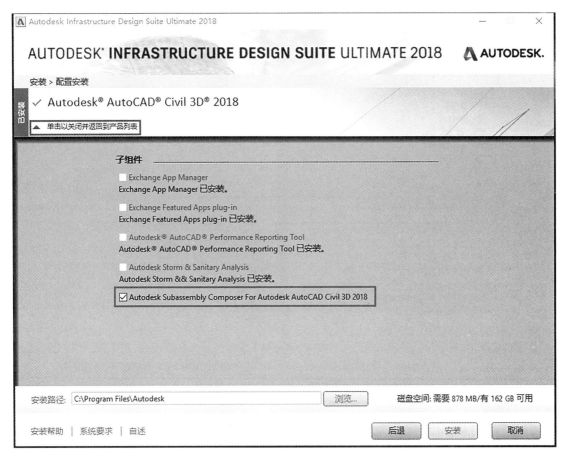

图 2-6　选装部件编辑器

极大的自由度能够适应各个行业的需求，但随之带来的烦琐复杂的定制过程也成为一大问题。因此，事先制定统一的样板文件显得尤为重要。在建模初期，参与人员就应当对今后的建模过程进行讨论，制定相应的样板文件，然后保存使用。建议用户将保存后的样板文件放至 Civil 3D 的样板库中，其路径为：C:\Civil 3D Project Templates，如图 2-7 所示。

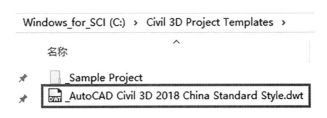

图 2-7　选择模板文件

模板导入后，需要在 Civil 3D 中指定样板文件。指定步骤为：【鼠标右键】→【选项】→【文件】→【样板设置】→【快速新建的默认样板文件名】，随后指定存放在对应目录下的样板文件即可，如图 2-8 所示。

指定样板文件后，只需在 Civil 3D 中点击快速新建按钮（■）即可依据已经创建好的样板文件新建工作空间。

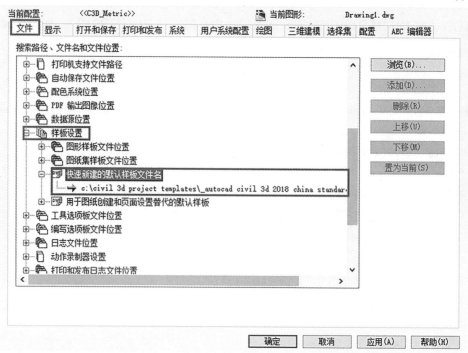

图 2-8　指定样板文件

2.2.2　硬件推荐配置

BIM 建模过程中涉及大量三维图形运算，体量越大、曲面越多的模型对计算机硬件要求越高，但过高的硬件配置其价格却又往往不菲。因此，寻求性能与成本之间的平衡是 BIM 建模运用时的一大关键考量。在实际应用过程中可参照图 2-9 的推荐进行硬件配置。

以下针对核心软件 Autodesk Civil 3D 的工作特点对部分影响相关参数的核心硬件配置要求进行推荐配置，部件编辑器 SAC 作为在 Autodesk Civil 3D 上运行的插件，可使用相同配置，此处不再赘述。

（1）中央处理器（CPU）　Autodesk Civil 3D 的建模环境主要消耗 CPU 单核心资源，因此，选配单核主频较高的 CPU 将有利于提升 Civil 3D 模型生成速度和工作效率。应当避免选配多核心低主频处理器。

对于台式工作站，选配 Intel 最新酷睿 K 系列处理器较为合适，例如 i7-8700K（2018 年）。对于移动工作站，选配 Intel 尾号为 HK 系列的处理器较为合适，且机身应当厚重且能通过散热稳定测试。值得关注的是，K 系列处理器能够进行超频运算，对于只能利用单核运算能力的 Civil 3D，能够一定程度上提高运算效率，但是建议用户在专业人士指导下进行超频运算，否则极易导致硬件出现稳定性问题。

（2）图形处理器（GPU）　Autodesk Civil 3D 的建模环境在平面图形下进行，主要消耗 CPU 单核资源，基本不涉及大体量三维模型渲染，即便是核心显卡也能够充分应对 Civil 3D 中的图形任务。因此针对 Civil 3D 的图形处理器无须过多关注。

（3）内存（RAM）　运行 Civil 3D，用户需要配置至少 8G 的内存容量。要实现稳定，流畅的运行环境，则需要配置至少 16G 内存容量。

Civil 3D 2019 系统要求	
操作系统	• Microsoft® Windows® 10 周年更新（版本 1607 或更高版本） • Microsoft Windows 8.1（含更新 KB2919355） • Microsoft Windows 7 SP1
浏览器	**最低要求**：Internet Explorer® 11 或更高版本 建设：Google™ Chrome
处理器	**最低要求**：2.5-2.9 GHz 或更快的处理器 建设：3 + GHz 或更快的处理器
内存	**最低要求**：8 GB 建设：16 GB
显示器分辨率	**传统显示器**： 1360 × 768 真彩色显示器，125% 桌面缩放（120 DPI）或更少（建议） **高分辨率和 4K 显示器**： 高达 3840 × 2160 分辨率的真彩色显示器（Windows 10 64 位和支持的显卡）
显卡	**最低要求**：1 GB GPU，具有 29 GB/s 带宽，与 DirectX 11 兼容 建设：4 GB GPU，具有 106 GB/s 带宽，与 DirectX 11 兼容
磁盘空间	安装：10.0GB
指针设备	Microsoft 鼠标兼容的指针设备
文件格式更改	AutoCAD. DWG 格式 - R2018 Civil 3D Object 格式 - R2018.2[1] [1]Civil 3D 2018 不支持新的竖曲线纵断面图元（基于高点或低点的固定竖曲线）
.NET Framework	.NET Framework 版本 4.7

图 2-9　硬件推荐配置

第3章 标准化应用流程

3.1 构件定制

本书中所有构件的定制是通过 Autodesk Civil 3D 中的部件编辑器（Subassembly Composer）组件进行编写（文件后缀名为 .pkt）。为了准确创建公路工程道路模型，并且能将其导入 InfraWorks 进行整合和管理，根据高速公路路基标准横断面设计图以及设计过程中按照实际地形情况布设的防护工程和排水工程等，定制功能完备、灵活的高速公路路基路面构件。按照公路工程设计内容分为路面构件、边坡构件、排水构件，以实现相应路基路面结构模型的创建。该构件库按照功能细分为八类高速公路路基路面构件，分别为：

（1）高速公路主线路面构件　包含高速公路主线整体式、分离式路面构件。该构件一方面能够对路面正投影进行模型创建，另一方面对地形情况进行判断，并向后续构件（如防护构件、边坡构件和排水构件）传递判断信息。

（2）高速公路互通路面构件　该构件对分流合流鼻端的平面进行处理，自动对鼻端位置进行判断组合，并向后续构件传递地形情况判断信息。

（3）防护构件——路肩墙　通过识别是否有偏移目标，实现建模过程中对路肩墙结构体的创建，同时能完成挖方段落设置路肩墙的设计复核工作，并输出复核报告。路肩墙构件在完成路肩墙模型创建之后，也向后续构件传递挡墙存在性、路堤墙距离、剪切线存在性和剪切线距离的相应参数。

（4）边坡构件——填方　该构件能够根据项目实际填方边坡级数情况灵活挂接，以实现多级填方边坡的填方平台和边坡的正投影模型创建，并对后续挂接的路堤墙构件传递路堤墙类型参数值。

（5）防护构件——路堤墙　该构件通过接收判断路肩墙构件输出的"挡墙存在性"值，实现建模过程中对路堤墙模型的创建，并能完成挖方段落设置路堤墙的设计复核工作，并输出复核报告。

（6）排水构件——边沟　该构件根据实际路基段落、挡墙布置和剪切线情况，对填或挖方路基形式进行判断，创建相应填方边沟（Ⅱ-2 型边沟）或挖方边沟（Ⅰ-1 型边沟），并对后续防护构件——路堑墙传递存在性参数。

（7）防护构件——路堑墙　该构件通过接收边沟构件输出的"是否存在挡墙_路堑墙"参数来判断否有路堑墙，实现路堑墙模型的创建，同时还能完成填方路段设置路堑墙防护工程的复核工作，并能输出复核报告。

（8）边坡构件——挖方　该构件能够根据项目实际挖方边坡级数情况灵活挂接，以实现多级挖方边坡的挖方平台和边坡的正投影模型创建，并能对边坡高度、边坡坡率、边坡平台等进行参数化修改。

3.2　构件导入及装配

构件的导入和装配是在 Autodesk Civil 3D 中完成，为后续道路建模做好准备，可以通过之前构件定制完成的高速公路路面构件、防护工程构件、排水构件和边坡构件来实现高速公路道路模型的精确创建，以及进一步的 InfraWorks 模型整合和管理。

3.2.1　构件导入

构件导入属于准备工作，将上述高速公路构件 .pkt 文件导入 Autodesk Civil 3D 的"TOOL PALETTES-CIVIL 公制构件"库，为下一步高速公路道路建模装配的创建做好准备。

3.2.2　构件装配

根据构件库中构件各自功能特性，按照高速公路主线路面构件 / 高速公路互通路面构件→路肩墙构件→填方边坡构件→路堤墙构件→边沟构件→路堑墙构件→挖方边坡构件，创建高速公路主线道路装配和高速公路互通道路装配，以供接下来高速公路道路模型的创建。

3.3　道路建模及整合

通过已创建的道路地形曲面和设计路线，由各子构件组建的装配，如"高速公路主线道路装配"和"高速公路互通道路装配"在 Autodesk Civil 3D 中利用"道路"功能，准确创建高速公路道路模型，并保存为道路 *.dwg 文件，进而在 InfraWorks 软件中整合高速公路道路模型。

3.3.1　道路建模

通过 Autodesk Civil 3D "道路"功能，基于路线平纵设计信息，选择"高速公路主线道路装配"或"高速公路互通道路装配"，设定"基准线和区域参数"，调整桩号范围、步长频率、选定相关目标参数完成高速公路道路模型的创建，并保存为道路 *.dwg 文件。通过生成的高速公路道路模型，按照需要分别添加对应代码，主线道路曲面需要添加"连接"的"路基曲面"和"要素线"的所有边沟的代码，并添加为特征线可以创建对应的道路曲面，以供在 InfraWorks 中道路模型整合使用。

3.3.2　模型整合

将创建完成的道路 *.dwg 文件，其中包含道路模型及道路曲面模型，导入 InfraWorks 进行整合。保留道路的曲面和覆盖区域（CORRIDOR COVERAGES），Autodesk Civil 3D 道路曲面的目的在于改变现有基础模型的地形，把道路模型在原始地形上展现出来。

在构件库的创建定制过程中，已完成连接代码的定义，在 InfraWorks 中可以指定代码材质，用于设置道路模型的外观，包含路面、路肩墙、填方边坡、路堤墙、边沟、路堑墙和挖方边坡的材质设置。此工作过程还可以导出高速公路道路模型样式规则为一个 *.jason 文件，以提高模型整合效率和形成模型样式企业级规范。图 3-1 为高速公路道路模型在 InfraWorks 中整合效果。

图 3-1　InfraWorks 模型整合示意图

第 4 章　术语

4.1　工具箱（Tool Box）

4.1.1　几何图形（Geometry）

○ Point 结构点

使用点可以指定构件的几何图形节点。将点附着到另一个点时，就可以通过连接自动连接这两个点。

✎ Link 链接

使用链接可以用一条直线连接两个连续点或不连续点。

▱ Shape 面 / 造型

使用造型可以创建闭合的横截面区域，以定义在给定构件区域中使用的材质。

4.1.2　高级几何图形（Acvanced Geometry）

✖ Intersection Point 交点

找到两个几何图形元素的显式交点或切线延长线交点。

♪ Curve 曲线

在两点之间插入曲线。

✍ Surface Link 曲面连接

在目标曲面上的指定偏移之间添加连接。

➷ Daylight Rounding 坡角圆弧

添加边坡连接和目标曲面之间的圆弧或抛物线连接。

✎ Get Mark Point 获取标记点

在构件上或附近添加标记点。

✐ Fillet Arc 圆角弧

在两个连接的交点处添加圆角。

⊡ Offset Geometry 偏移几何图形

将正的或负的偏移添加到开放或闭合的造型。

↻ Loop Geometry 回路几何图形

重复指定链接直至到达某一"目标曲面"，或直至达到指定的重复次数。

4.1.3　辅助（Auxiliary）

○ Auxiliary Point（AP）辅助点

设定可用于创建其他几何图形元素的未绘制测试点。将辅助点附着到另一个点时，就可以使用链接自动连接这两个点。

⌇ Auxiliary Link （AL）辅助连接

使用一条直线连接两个连续或不连续的点。辅助连接不属于构件几何图形，但可以从它创建其他几何图形。

⬢ Auxiliary Surface Link 辅助曲面连接

在目标曲面上的指定偏移之间添加连接。辅助曲面连接不属于构件几何图形，但可以从它创建其他几何图形。

⟍ Auxiliary Intersection 辅助交点

找到两个几何图形元素的显式交点或切线延长线交点。辅助交点不属于构件几何图形，但可以从它创建其他几何图形。

⬡ Auxiliary Mark Point（AMP）辅助标记点

在构件上或附近添加辅助标记点。

4.1.4　工作流（Workflow）

⬡ Flowchart 流程图

组织嵌套在另一流程图中的流程图内的复杂且相关的几何图形。

⬚ Sequence 序列

组织一系列相关的几何图形元素作为流程图的子集。

◆ Decision 决定

指定两个几何图形选项，具体应用取决于指定的条件。决定可以使用诸如真 / 假、是 / 否和挖方 / 填方等条件。

通过决定，可以指定条件，然后在流程图中定义真分支和假分支：

如果满足指定条件，将绘制真分支中的几何图形。

如果未满足指定条件，将绘制假分支中的几何图形。

⬙ Switch 多重判断

最多指定 11 个几何图形选项，具体应用取决于指定表达式的结果。

⊟ Set Output Parameter （SOP）设置输出参数

另一个构件可以引用为输入参数的值。

↦ Define Variable （DV）声明变量

为参数指定一个值或计算，然后重复用于后续计算的变量中。

⊟ Set Variable Value（SVV）设置变量值

将值指定给以前定义的"Variable（变量）"。

4.1.5　杂项（Miscellaneous）

⬖ Set Mark Point（SMP）设置标记点

指定其他构件可以参照或连接的点。

🔖 Report Message （RM）报告文本

在指定的情况下，在 AutoCAD Civil 3D 事件查看器中生成错误消息。

4.2　其他术语

- **Target Parameter 目标参数**

在部件编辑器中通过"Create Target Parameter"来创建，目标参数分为三类：高程目标参数（Elevation）、偏移目标参数（Offset）和曲面目标参数（Surface）。

- **Offset 偏移目标参数**

偏移目标参数是距离用户指定的原点一定水平距离的目标参数。

- **Elevation 高程目标参数**

高程目标参数是距离全局坐标高程为 0 的平面一定竖直距离的目标参数。

- **Surface 曲面目标参数**

曲面目标参数是指用户创建的水平参数，用于在部件编辑器中模拟地面曲面、道路曲面等元素。

- **Codes 构件代码**

点（Point）、链接（Link）和造型（Shape）可以指定代码，指定代码的目的是让构件在 Civil 3D 环境下可以进行代码集样式配置等操作。同一个要素可以指定多个代码。在 Civil 3D 中，可以对于一组点、连接或造型构件定义一组显示特性，然后将它们指定给代码集样式。

- **Name 参数名称**

参数名称是构件变量在部件编辑器中显示的名称。

- **Display Name 参数显示名称**

参数显示名称是构件变量在 Civil 3D 环境下显示的名称，参数显示名称默认为参数名称。

第5章 基本参数

本章节的基本参数主要为采用部件编辑器（SAC）编写构件时需要用到的所有参数，笔者根据构件本身功能及对应公路工程特性，总结出在公路工程标准构件中，基本参数大致分为三类，分别为工程输入参数、标记点参数及构件传递参数。

5.1 工程输入参数

该参数为表达构件某一部分的基本属性，如宽度、高度、坡度等，其类型通常为Double型，且带有实际意义的数值。

见表5-1，对应的如中央分隔带宽度、全幅路基宽度等都为工程元素基本属性，通过在构件本身的参数设置，可使工程人员在使用构件进行道路模型建立时，快速根据工程项目特点制定出项目特定的标准构件。

表 5-1 工程输入参数信息表（部分）

序号	构件名称	参数名称	默认数值	参数类型
1-2	高速公路主线路面	中央分隔带宽度	2	Double
1-3	高速公路主线路面	全幅路基宽度	25.5	Double
1-4	高速公路主线路面	土路肩坡度	0.03	Double

5.2 标记点参数

标记点参数包含标记点及其对应的名称，根据装配式构件的定义（6.2.2节），各独立构件之间是通过相同的标记点（Set/Get Mark Point）名称来进行联动运算，形成统一装配整体，其分类为标记点输出参数及标记点输入参数。

5.2.1 标记点输出参数（Set Mark Point）

标记点输出参数是指在构件中对某些特定的结构点或辅助点，以参数的形式进行输出，其他构件可以通过设置"获取标记点"（Get Mark Point）来获取该标记点参数，标记点参数传递的关键在于，输出方需要对标记点设置"标记点名称"（Mark Name），接收方通过设置同样的名称来获取标记点。

见表5-2，高速公路主线路面构件共设置了3个标记点，其名称分别为"路线设计线点""右幅右侧点""左幅左侧点"，因为路面构件为装配式构件中的第一个构件，较为特殊，所以其设置的标记点在后续所有构件中，都会用这些标记点对整个断面进行定位等操作。例如，路肩墙构件需要获取"左/右侧左幅点"作为构件的起点，需要获取"路线设计线点"作为定位点。

表 5-2　标记点输出参数信息表（部分）

序号	构件	Point Name	Mark Name	传递的构件
1	高速公路主线路面	AP999	路线设计线点	路肩墙构件
		AP71	右幅右侧点	
		AP72	左幅左侧点	
4	填方	P2	填方路基平台终点	防护构件 排水构件
		P3	填方路基边坡终点	
6	边沟	AP1000	路线设计线点	路面构件 路肩挡墙构件 边坡构件
		AP999	路堤墙终点	
		AP998	填方路基平台终点	

5.2.2　标记点输入参数（Get Mark Point）

标记点输入参数是指在本构件中必须要使用前序构件中的某些特定的标记点。值得注意的是，对于需要输入的标记点，其标记点名称必须与前序构件的标记点名称相同，否则在装配式构件库中，无法成功引用到该标记点。对于装配式构件而言，标记点参数是向后传递的方式，因此对于需要获取的标记点，只能是从装配式构件中的前序构件中获取。

见表 5-3，路肩墙构件需要引用路面构件的标记点输出参数 2 个标记点，其名称为"路线设计线点""左幅左侧点"或"右幅右侧点"（其函数内容表达为：若路肩墙构件在断面左侧，则引用"左幅左侧点"，否则引用"右幅右侧点"）。

表 5-3　标记点输入参数信息表（部分）

序号	构件	标记点名称	标记点序号	源构件
3	路肩墙	"路线设计线点"	AP1	路面构件
		if（side = left，"左幅左侧点"，"右幅右侧点"）	AP2	路面构件
4	填方	if（side=left，"左侧路肩墙终点"，"右侧路肩墙终点"）	AP1	路肩墙构件
		if（side=left，"1~5 级填方终点 –L"，"1~5 级填方终点 –R"）	AP1	填方边坡构件

5.3　构件传递参数

构件传递参数是为各独立构件之间进行相关参数的传递使用，分为输出参数（Output Parameter）和输入参数（Input Parameter），其参数值仅在本构件库中代表工程元素的类型，不具有物理意义上的含义，如挡墙存在性、剪切线存在性等。为保证参数传递的高效性及统一性，在本标准构件库中，该参数类型均为 Double 型。

5.3.1 输出参数（Output Parameter）

输出参数是指构件在执行结束后，将某些参数作为构件本身的返回值传出，其值可以被其他构件获取的一类参数。见表 5-4，高速公路主线路面构件通过对断面情况的判断，获取到路基存在性参数（共有 8 种情况，具体内容表述详见第 6 章构件定义与表达），而该参数对于后续构件是否进行路基放坡设置具有重要参考意义，因此需要将"路基存在性"参数对后续构件进行传递。

表 5-4　输出参数信息表（部分）

序号	构件名称	参数名称	参数类型	参数内容	参数说明
1	高速公路主线路面	路基存在性	Double	0	无路基
				1	有路基
				2	左路基，右无
				3	左路基，右挖方桥
3	路肩墙	挡墙存在性	Double	0	不存在挡墙
				1	存在路肩墙
				2	存在路堤墙
		剪切线存在性	Double	0	不存在剪切线，边坡完全放坡
				1	存在剪切线

路肩墙构件通过目标参数（偏移目标）获取到某一断面是否存在挡墙，该参数同样对于后续构件是否进行放坡等设置具有重要参考意义，例如，路肩墙构件在某断面识别到目标参数，需要绘制路肩墙，其后的填方边坡、边沟、路堑墙等构件就不需要再执行，这一过程便是通过路肩墙传递出的"挡墙存在性"参数，其余构件接收该参数来实现构件之间信息的传递。

5.3.2 输入参数（Input Parameter）

输入参数与 5.1 工程输入参数的方向（Direction）相同，同为 Input，不同的是工程输入参数主要为构件使用人员根据工程信息参数录入的，而本小节中的输入参数为构件与构件之间进行信息传递的参数，不需要构件使用人员手动录入，可在 Civil 3D 中通过参数挂接实现（挂接方式详见第 7 章装配创建与组合）。与标记点参数的获取方式相同，输入参数的获取只能是从装配式构件中的前序构件传递而来。

见表 5-5，高速公路主线及互通路面作为装配式构件的第一个构件，没有相关参数的传入；填方构件中，需要获取路面构件、路肩墙构件及上级填方边坡构件中的各种参数，如"路基存在性"参数，参照表 5-4，若高速公路路面构件传递的"路基存在性"参数值为"0"，那么路肩墙及填方构件将不进行路基放坡处理。

表 5-5　输入参数信息表（部分）

序号	构件	参数名称	参数类型	参数默认值	源构件
1	高速公路主线路面	无	无	无	无

序号	构件	参数名称	参数类型	参数默认值	源构件
2	高速公路互通路面	无	无	无	无
3	路肩墙	路基判断	Double	0	路面构件
4	填方	路基存在性	Double	0	路面构件
		挡墙存在性	Double	0	路肩墙构件
		路堤墙距离	Double	0	路肩墙构件
		剪切线存在性	Double	0	路肩墙构件
		分离式存在性	Double	1	路面构件
		边坡是否继续	Double	1	上级填方边坡构件

对于本书中的所有基本参数，详见本书附表中对应的表格。

第6章 构件定义与表达

6.1 构件参考图纸集

本书在构件编写前，参考了大量四川省内高速公路不同阶段的设计图纸集，目的在于使本书的构件最大限度囊括高速公路设计的各种参数及专业需求，尽量让本书的构件库既能够适用于公路工程设计习惯，又能满足 BIM 技术领域的相关信息表达。本书构件库的编写，较为完整地参考了四川省内 5 条不同设计阶段的高速公路图纸集，具体图纸集如下：

1)《G4216 线仁寿经沐川至屏山新市（含马边支线）段高速公路工程》施工图设计图纸集。

2)《宜宾至攀枝花沿金沙江高速公路初步勘察设计宁攀 A 标段》初步设计图纸集。

3)《乐山至西昌高速公路工程》初步设计图纸集。

4)《成资渝高速公路成都天府国际机场至潼南（川渝界）A2 标段》施工图设计图纸集。

5)《峨眉至汉源高速公路工程》施工图设计图纸集。

6.2 公路工程标准构件定制思路

6.2.1 构件组成内容

本书中介绍的标准构件，包含了路面（中央分隔带、行车道、硬路肩、土路肩）、边坡（填方边坡、挖方边坡）、边沟及防护工程（路肩墙、路堤墙、路堑墙）在内的所有公路工程横断面设计及路幅组成的所有元素，并且实现满足公路工程断面设计习惯及方式的参数化修改，从而达到通过标准构件快速建立公路工程 BIM 模型的意义。具体断面设计元素及参数化功能详见表 6-1。

表 6-1 标准构件组成内容

序号	功能划分	应用内容	详细元素	参数化功能
1	路面	高速公路主线路面	中央分隔带	宽度
			行车道	单幅车道宽
				行车道个数
			硬路肩	宽度
			土路肩	宽度
			坡度	正常横坡
				超高横坡
		高速公路互通路面	行车道	宽度

序号	功能划分	应用内容	详细元素	参数化功能
1	路面	高速公路互通路面	坡度	正常横坡
				超高横坡
2	边坡	填方边坡	平台	宽度
			边坡	高度
				坡度
		挖方边坡	平台	宽度
			边坡	高度
				坡度
3	边沟	边沟	砌护	宽度
			护坡道	宽度
			碎落台	宽度
			边沟	宽度
				深度
4	防护	路肩墙	墙面	坡度
		路堤墙	墙顶	宽度
			墙面	坡度
		路堑墙	墙顶	宽度
			墙面	坡度
			墙高	高度

6.2.2　装配式构件定义及组合顺序

本书中的所有构件，是通过 Autodesk Civil 3D 中的部件编辑器（Subassembly Composer）组件进行编写（文件后缀名为 .pkt），若将表 6-1 中的所有组成内容及参数编写至一个构件中，其构件本身的体量较大，参数繁多，不利于便捷地修改及使用，构件本身在编写过程中的检查和修改的效率也较为低下，且永远无法编写出真正意义上的"多级边坡构件"（受制于部件编辑器本身的特性，具体多少级边坡和每一级边坡的参数都只能编写在构件参数设置中，因此无法做到将未知的边坡级数编写在固定的参数设定中）。

而部件编辑器具有设置和获取"Mark Point（标记点）"的功能，使得上述问题可通过设置相应的标记点去衔接每一个独立构件，实现多个独立构件的协同联动。采用这种方式，首先构件编写的思路清晰、体量小、检查修改较为简便，其次可以通过自身构件标记点的挂接实现多级边坡的循环处理。本书将这种方式编写的构件及组合定义为装配式构件。

根据表 6-1 中的内容，本书将构件按照"应用内容"划分为 10 个独立构件，分别为：高速公路主线路面构件（该构件又自身拆分为 3 个独立构件，包含一个主构件和两个曲面辅助构件）、高速公路互通路面构件、填方边坡构件、挖方边坡构件、边沟构件、路肩墙构件、路堤墙构件及路堑墙构件，其具体的组合顺序如图 6-1 所示。

图 6-1　装配式构件组合顺序

6.2.3　构件应用范围及搭载平台

本构件的主要应用是加载到欧特克平台的 Civil 3D 软件内,通过 Civil 3D 软件的"道路"功能,创建具有工程属性的三维道路模型,该道路模型可用于工程设计、工程出图及模型展示等。通过欧特克主流模型整合平台 InfraWorks 加载 Civil 3D 的道路模型(*.dwg 文件),可更加直观呈现三维模型(图 6-2、图 6-3)(具体操作方法详见第 8 章构件的实例应用)。

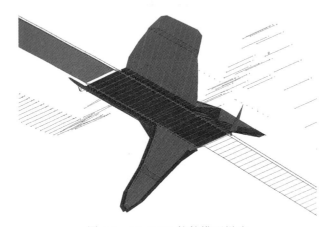

图 6-2　Civil 3D 软件模型样式

图 6-3　InfraWorks 软件模型样式

另外,通过构件绘制的 Civil 3D 道路模型,模型本身具有独立的点、线、桩号及材质属性,通过其他软件将模型的三维属性提取出来整合重构,可重新加载至更多的 GIS 平台中去,这也是构件结合 Civil 3D 软件在 BIM 技术领域应用的一个方向。

6.2.4 结构点的编写原则

构件断面的连续，要求在 Civil 3D 以及 InfraWorks 中的任意断面上的结构点数量保持一致，通过具有相同代码的结构点的连接构成纵向线，从而生成道路的基本面。若每个断面上的结构点数量不一致，会导致上一断面的结构点无法与下一断面结构点匹配生成纵向线及基本面，那么道路模型的相关信息就会在该处缺失，导致模型的不完整。以 InfraWorks 为例，通过图 6-4 的说明让读者更好地理解这一思路。

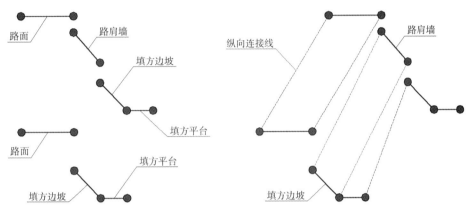

图 6-4 InfraWorks 结构点连接方式

图 6-4 左上方是含有路肩墙的断面形式（7 个结构点），左下方是仅有填方边坡的断面形式（5 个结构点），两种断面形式结构点数量不一致。在 InfraWorks 中的连接方式是将前后断面的每一个结构点依次连接，在图 6-4 右侧图示中可以看到，路肩墙与填方边坡形成了纵向连接线，导致了 InfraWorks 中前后断面的材质会发生错位，直接导致道路模型的错误。

为解决上述错误，应保证每个断面的结构点数量一致，在填方边坡的断面形式中，增加路肩墙的两个结构点，通过构件的设置，将图 6-5 中的两个结构点间距设置成极小值（经笔者测试，极小值为 1E-5），使 InfraWorks 中道路模型的显示正确。

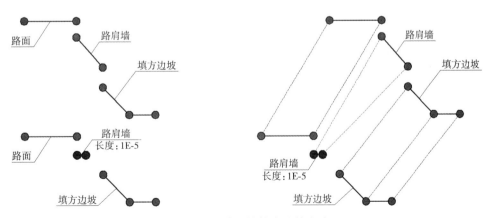

图 6-5 正确的结构点连接方式

综上所述，在本书中的所有构件，均按照上述规则进行结构点的设置，在整个独立构件中，永远需要保持构件本身结构点数量的一致性，对于需要进行处理的情况，将结构点间的间距设置成极小值。

6.3 路面构件——高速公路主线路面

根据以往高速公路 BIM 工程项目经验、部件编辑器自身特点及与 Civil 3D 结合的特性，本书把高速公路所使用的路面主构件拆分为高速公路主线路面与高速公路互通路面两部分。

6.3.1 构件参考图纸

（1）基本路面参考图纸（图 6-6~ 图 6-8）

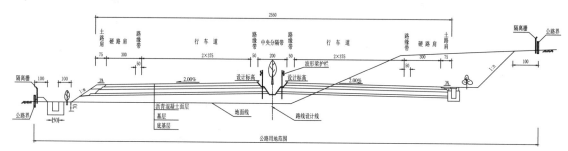

图 6-6 整体式路基标准横断面图

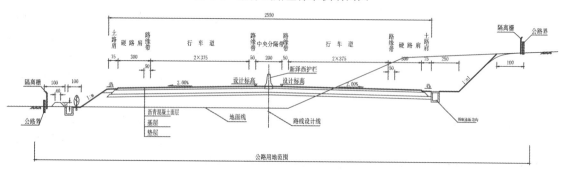

图 6-7 整体式路基标准横断面图（新泽西护栏）

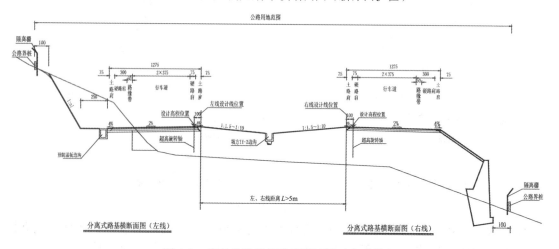

图 6-8 分离式路基标准横断面图（左右线）

（2）细部路面参考图纸（图 6-9）

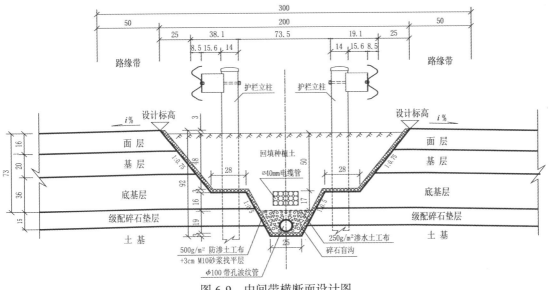

图 6-9　中间带横断面设计图

　构件定制内容及思路

1）构件内容。结合 BIM 特性及构件的使用性质，本构件暂不考虑路面结构层的定义与表达，构件输出点线为正投影路面结构，即包含中央分隔带、行车道、土路肩及硬路肩的点线结构设置。

2）构件思路。本构件通过计算所有需要改变坡度、尺寸的线段，结合本章 6.2 小节思路，统计出至少需要的结构点数量，随后根据实际项目情况需要，按照相关规范及项目参数进行点线相对坐标的规则变化，实现针对项目的构件输出与表达。具体布设结构点如图 6-10、图 6-11 所示。

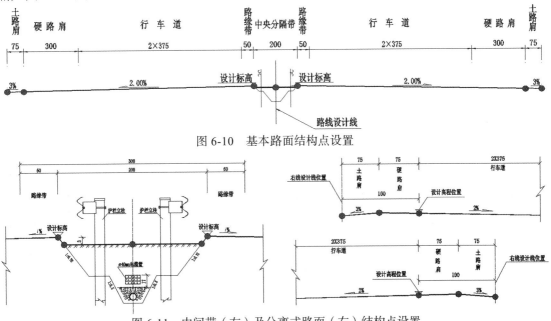

图 6-10　基本路面结构点设置

图 6-11　中间带（左）及分离式路面（右）结构点设置

31

3）根据图6-10、图6-11的结构点及连接的设置，高速公路主线路面共计需要结构点13个，如图6-12所示。

图 6-12　高速公路主线路面结构点线设置情况

注：1. 实心点为结构点（Point）。

2. 实心点上的文字为点代码名称（Point Cods）。

3. 线段为连接线（Link）。

4. 括号内文字为线代码名称（Link Cods）。

5. 方框所代表的点为输出标记点（Set Mark Point）。

6.3.3　高速公路路面组成情况

根据部件编辑器特性及实际项目情况特点，在编写构件时将高速公路路面组成根据整幅及分幅两种情况，共计划分为全幅路基、全幅桥、左幅桥右幅路基、左幅路基右幅桥等共计10种不同断面形式的路面组成。最后根据上述不同断面形式设置不同断面参数及逻辑目标，完成高速公路主线路面构件的编写。

（1）整体式路幅组成情况（图6-13～图6-16）

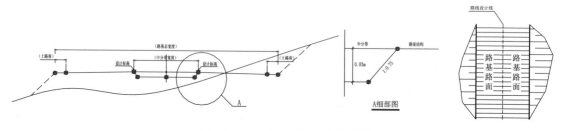

图 6-13　整体式路幅——全幅路基

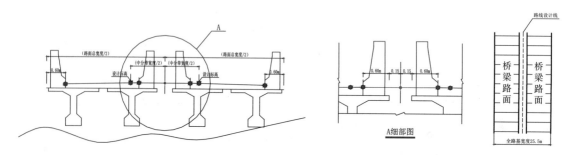

图 6-14　整体式路幅——整幅桥

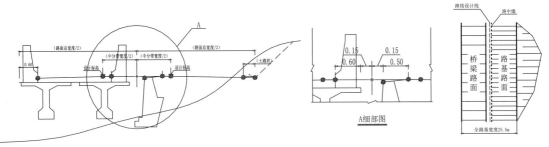

图 6-15 整体式路幅——左幅桥右幅路基

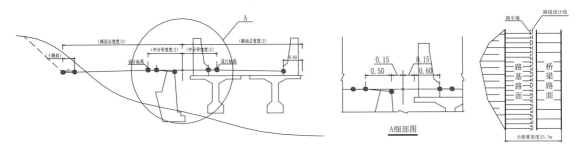

图 6-16 整体式路幅——左幅路基右幅桥

（2）分离式路幅组成情况（图 6-17~ 图 6-22）

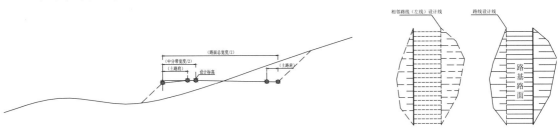

图 6-17 分离式路幅——右幅路基分离式

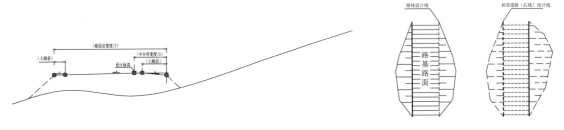

图 6-18 分离式路幅——左幅路基分离式

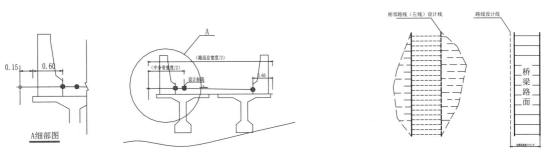

图 6-19 分离式路幅——右幅桥梁分离式

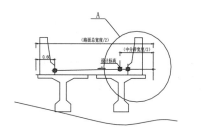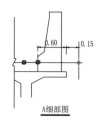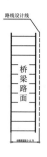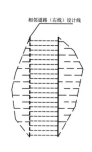

图 6-20　分离式路幅——左幅桥梁分离式

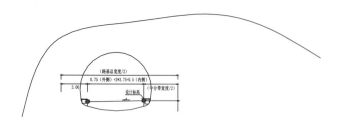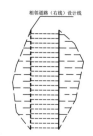

图 6-21　分离式路幅——左幅隧道分离式

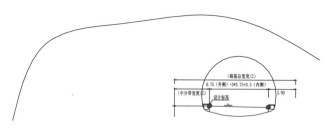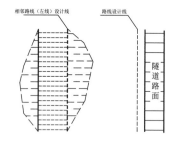

图 6-22　分离式路幅——右幅隧道分离式

6.3.4　构件输入参数设置、内部变量逻辑关系

1. 点参数接收（Get Mark Point）

本构件在装配式标准构件中位于第一个，故没有需要接收的标记点，仅有向下一构件输出的标记点（Set Mark Point），具体输出的标记点详见 6.3.6 构件的参数输出。

2. 构件参数设置（Input）

在参数设置上，依据相应规范，充分考虑设计习惯，将高速公路路幅组成的常用参数在部件编辑器 Input 功能栏进行设置，使本构件能够充分适应我国高速公路路面各类组成情况。

本构件对中央分隔带宽度、全幅路基宽度、行车道宽度、行车道坡度、硬路肩宽度、土路肩宽度、土路肩坡度、行车道个数、路缘带宽度、挖方桥超挖深度等进行了参数化编写。对于部分内部细节尺寸，在本构件中没有进行参数化设置，而是直接作为常量写入构件本身数据中，具体内部细节尺寸详见图 6-13~ 图 6-22 中对应的标注信息（单位：m）。具体参数化名称、默认数值及参数类型详见表 6-2。

3. 构件参数的设置与修改

构件参数的设置及修改有两种方式：一种是通过部件编辑器中对 .pkt 文件的内置参数

进行修改（图 6-23）；另一种是在 Civil 3D 加载装配后，在装配的特性中对表 6-2 中的参数进行修改（图 6-24）。

表 6-2　构件参数设置一览表

序号	构件名称	参数名称	默认数值	参数类型	备注
1	高速公路主线路面	挖方桥超挖深度	2	Double	挖方桥路段路基超挖深度
2	高速公路主线路面	中央分隔带宽度	2	Double	
3	高速公路主线路面	全幅路基宽度	25.5	Double	
4	高速公路主线路面	土路肩坡度	0.03	Double	均为正数
5	高速公路主线路面	行车道坡度	0.02	Double	均为正数
6	高速公路主线路面	土路肩宽度	0.75	Double	
7	高速公路主线路面	硬路肩宽度	3	Double	
8	高速公路主线路面	单幅车道宽	3.75	Double	
9	高速公路主线路面	行车道个数	2	Integer	
10	高速公路主线路面	路缘带宽度	0.5	Double	

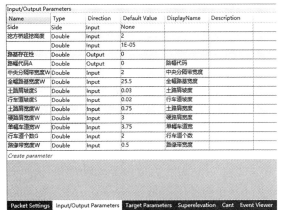

图 6-23　部件编辑器中构件参数设置　　　　图 6-24　Civil 3D 中构件参数修改

第一种方式修改是对 .pkt 文件的默认参数进行永久修改，每次通过 Civil 3D 加载时系统都会采用默认参数进行赋值。用此种方式修改较为麻烦，一般是对单位级标准化定制时采用此种方式设置 .pkt 文件的内部参数，项目级参数化的修改不推荐采用此种方式。

第二种方式是根据项目的实际需要进行修改，较为灵活。构件参数的默认数值（表 6-2）一般适用于普遍的高速公路路面组成，对于较为特殊的项目（如中央分隔带或行车道个数发生变化），通过此种方式修改较为便捷。此种方式对构件参数的修改不会保存在 .pkt 文件中，仅对当前加载的 .dwg 文件参数修改有效。

4. 构件内部变量逻辑关系（Define Variable）

构件的内部变量在公路工程构件中的使用情况通常分为两种：一种是对于构件本身具体参数的变化，一般参数类型为 Double 型；另一种是用于自身构件参数的传递（参数类型为 Double）或结构点线代码的变化（参数类型为 String）。构件内部变量无法在 Input/Output Parameters 选项栏中查看，只能在 Flowchat 中内部变量单元中查看。

在本构件中，用于构件本身参数变化的内部变量为"左行车道坡度""右行车道坡度"，这两个变量会通过偏移目标（超高线）的改变而改变，从而实现主线路面超高的变化。值得注意的是，部件编辑器本身具有设置超高的功能（Superelevation），但是经笔者实验，必须是使用闭合的面作为路面构件，才能使得超高功能通过 Civil 3D 的段落设置进行超高计算。若通过这种方式进行道路路面超高，则构件本身会增加成倍的辅助点（Auxiliary Point）和结构点（Point），使得路面构件在 Civil 3D 的运算效率降低。因此，笔者通过多个项目测试，认为通过偏移目标的方式去控制道路的超高，可以使构件本身的体量较小，且通过在 Civil 3D 的二次开发，根据设计超高段落自动绘制出道路的超高偏移线，在 Civil 3D 构建具有超高的道路模型较为简便，超高段落更满足相关规范要求及项目设计需求。名称为"L61"的 Define Variable 变量类型为 String，初始值为"土路肩"（图 6-25）。

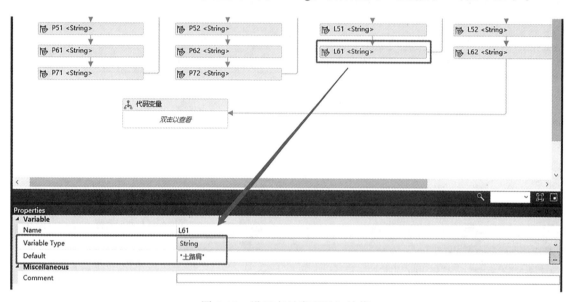

图 6-25　设置变量类型及初始值

用于自身构件参数的传递的内部变量为"路幅代码"（变量类型为 Double），从而对后续构件产生联动影响，具体传递及工作方式详见 6.4.6 构件的参数传递一节；用结构点线代码变化的内部变量包含了图 6-12 中所有点线。

具体内部变量内容及类型等相关参数详见表 6-3。

表 6-3　内部变量参数一览表

变量名称	变量类型	变量初始值	变量内容	变量改变方式
左行车道坡度	Double	0.02	—	随偏移目标改变而改变
右行车道坡度	Double	0.02	—	
路幅代码	Double	0	1，2，3，……，11	随路幅形式的改变而改变
P11	String	无	LM_LJ_R1，LM_QL_R1，LM_SD_R1	
L11	String	中央分隔带	无代码，桥梁，连拱隧道，隧道，中央分隔带	
……	……	……	……	

名称为"路幅代码"的内部变量赋值给名称为"路幅代码 A"的 Output 进行输出（图 6-26）。

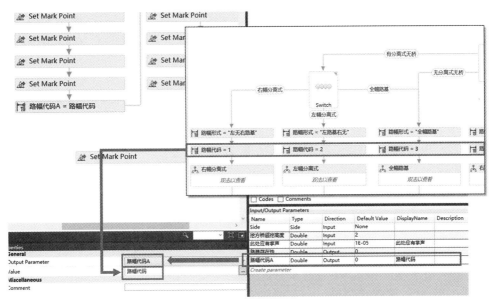

图 6-26　输出

6.3.5　构件目标参数设置情况及功能

通过部件编辑器打开本构件（*.pkt 文件），可在部件编辑器界面中 Target Parameters 一栏查看本构件所有相关的偏移目标设置情况（图 6-27）。

图 6-27　偏移目标设置\查看工具栏

1.本构件目标参数设置情况

根据 6.3.3 节高速公路路面组成情况分析，结合部件编辑器自身特点，本构件共拟定了 Offset 偏移目标 9 个、Elevation 高程目标 3 个。具体信息及设置如图 6-28 所示。

Target Parameters			
Name	Type	Preview Value	DisplayName
相邻道路平面Y	Offset	0	【路面】-05-右线平面
相邻道路纵面	Elevation	4.848	【路面】相邻纵断面
桥梁偏移线	Offset	0	【路面】-04-整幅桥
DMX	Surface	6.889	地面线
相邻道路平面Z	Offset	-1	【路面】-06-右线平面
左幅桥	Offset	-0.75	【路面】-02-左幅桥/左线桥
右幅桥	Offset	1	【路面】-03-右幅桥/右线桥
隧道偏移线	Offset	0	【路面】-07-隧道范围
互通范围线	Offset	0	【路面】-01-互通宽范围
左超高偏移线平面	Offset	-20	【路面】-08-左超高偏移线
右超高偏移线纵面	Elevation	8	【路面】右超高偏移线
右超高偏移线平面	Offset	20	【路面】-09-右超高偏移线
左超高偏移线纵面	Elevation	-5	【路面】左超高偏移线

图 6-28　高速公路主线路面目标参数设置情况

2.路面组成情况与本构件目标参数的对应关系

1）图 6-13 所示整体式路幅——全幅路基，该断面形式为高速公路标准断面形式，无须设置任何目标参数。

2）图 6-14 所示整体式路幅——整幅桥，该断面形式需在 Civil 3D 道路偏移目标中选择"【路面】-04-整幅桥"，对应偏移线平面范围为高速公路主线两侧 0.5m 范围内，高程目标无要求（图 6-29）。

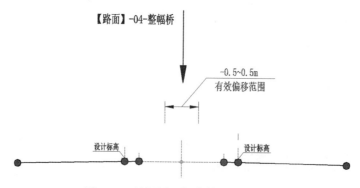

图 6-29　整幅桥目标参数内容及范围

3）图 6-15 所示整体式路幅——左幅桥右幅路基，该断面形式需在 Civil 3D 道路偏移目标中选择"【路面】-02-左幅桥/左线桥"，对应偏移线平面范围为高速主线前进方向左侧 0.5~1.5m 范围内，高程目标无要求，详见图 6-30。

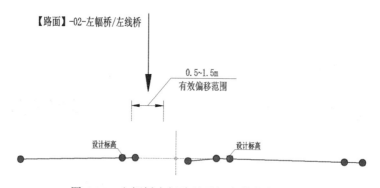

图 6-30　左幅桥右幅路基目标参数内容及范围

4）图 6-16 所示整体式路幅——左幅路基右幅桥，该断面形式需在 Civil 3D 道路偏移目标中选择"【路面】-03-右幅桥/右线桥"，对应偏移线平面范围为高速主线前进方向左侧 0.5~1.5m 范围内，高程目标无要求（图 6-31）。

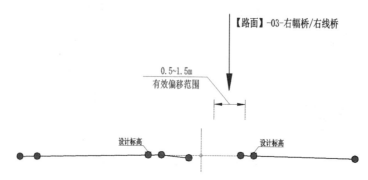

图 6-31　左幅路基右幅桥目标参数内容及范围

5）图 6-17 所示分离式路幅——右幅路基分离式，该断面形式需在 Civil 3D 道路偏移目标中选择"【路面】-06-左线平面"，高程目标选择"【路面】相邻纵断面"，即相邻设计路线的平纵。相邻路线相对于主线的有效距离为 0~300m，相邻纵面高程目标则选择该相邻道路的纵断面设计线（图 6-32）。

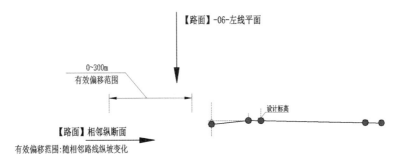

图 6-32　右幅路基分离式目标参数内容及范围

6）图 6-18 所示分离式路幅——左幅路基分离式，该断面形式需在 Civil 3D 道路偏移目标中选择"【路面】-05- 右线平面"，高程目标选择"【路面】相邻纵断面"，即相邻设计路线的平纵。相邻路线相对于主线的有效距离为 0~300m，相邻纵面高程目标则选择该相邻道路的纵断面设计线（图 6-33）。

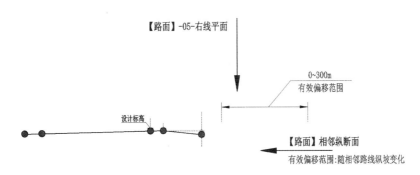

图 6-33　左幅路基分离式目标参数内容及范围

7）图 6-19 所示分离式路幅——右幅桥梁分离式，该断面形式需在 Civil 3D 道路偏移目标中选择"【路面】-06- 左线平面""【路面】-03- 右幅桥 / 右线桥"，高程目标选择"【路面】相邻纵断面"（图 6-34）。

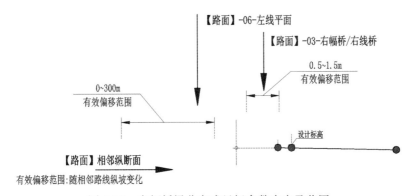

图 6-34　右幅桥梁分离式目标参数内容及范围

8）图 6-20 所示分离式路幅——左幅桥梁分离式，该断面形式需在 Civil 3D 道路偏移目标中选择"【路面】-05- 右线平面""【路面】-02- 左幅桥 / 左线桥"，高程目标选择"【路面】相邻纵断面"（图 6-35）。

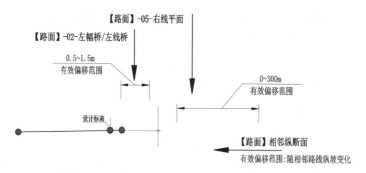

图 6-35　左幅桥梁分离式目标参数内容及范围

9）图 6-21 所示分离式路幅——左幅隧道分离式，该断面形式需在 Civil 3D 道路偏移目标中选择"【路面】-05-右线平面""【路面】-07-隧道范围"，高程目标选择"【路面】相邻纵断面"，隧道范围偏移目标平面为高速公路主线两侧 0.5m 范围内，高程目标无要求（图 6-36）。

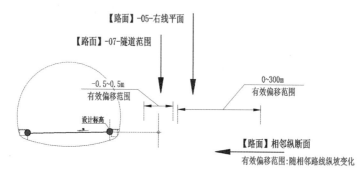

图 6-36　左幅隧道分离式目标参数内容及范围

10）图 6-22 所示分离式路幅——右幅隧道分离式，该断面形式需在 Civil 3D 道路偏移目标中选择"【路面】-06-左线平面""【路面】-07-隧道范围"，高程目标选择"【路面】相邻纵断面"（图 6-37）。

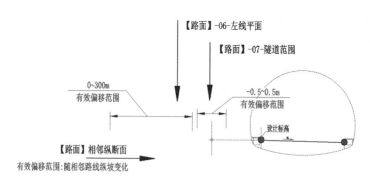

图 6-37　右幅隧道分离式目标参数内容及范围

11）超高路面目标参数设置。具有超高的断面形式包含上文 1）~10）中所有断面情况，其超高的偏移目标应选择"【路面】-08-左超高偏移线""【路面】-09-右超高偏移线"，平面偏移线的范围为路面边线外侧即可。超高的高程目标应选择"【路面】右超高偏移线"及"【路面】左超高偏移线"。值得注意的是，无论是通过对 Civil 3D 的二次开发，直接绘制左右两侧的超高偏移线，还是手动绘制，该偏移线的类型都应为三维多段线或要素线，才能在 Civil 3D 中进行对应目标的选取。图 6-38 所示以整体式路幅——全幅路基为例说明超高路面偏移目标的设置方式。

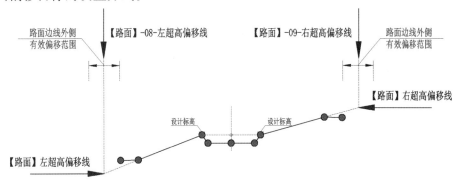

图 6-38　超高路面目标参数设置

6.3.6　构件的参数输出

在编制公路工程 BIM 标准构件时，结合高速公路特性及部件编辑器自身特性，不同种类构件挂接时需要用到各种参数及结构点的传递，节省独立构件的编制工作量。构件的参数传递在 Input/Output Parameters 工具栏中的 Direction 中对 Output 参数进行设置；构件结构点的传递应使用 Set Mark Point 工具进行设置。

1. 参数传递（Output）

在本构件中，需向后续构件传递的参数仅有路基存在性，即在哪种情况下，本构件的断面形式需要进行路基放坡，为保证该参数逻辑的完整，"路基存在性"参数共计有 9 种情况。分别为：断面左右侧均无路基、断面左右侧均有路基、断面左侧有路基右侧无路基、断面左侧有路基右侧为挖方桥超挖路基、断面左侧无路基右侧有路基、断面左侧无路基右侧为挖方桥超挖路基、断面左侧为挖方桥超挖路基右侧无路基、断面左侧为挖方桥超挖路基右侧有路基、断面左右侧均为挖方桥路基。具体参数数值及对应情况详见表 6-4。

表 6-4　构件参数传递信息表

参数名称	参数类型	参数内容	参数说明	情况示意	备注
路基存在性	Double	0	无路基	图 6-14、图 6-19、图 6-20、图 6-21、图 6-22	—
		1	有路基	图 6-13	—
		2	左路基右无	图 6-18	分离式情况
		3	左路基右挖方桥	图 6-16	右幅断面距离地面线最小值小于参数"挖方桥超挖高度"
		4	左无右路基	图 6-17	分离式情况
		5	左无右挖方桥	图 6-14	右幅断面距离地面线最小值小于参数"挖方桥超挖高度"
		6	左挖方桥右无	图 6-14	左幅断面距离地面线最小值小于参数"挖方桥超挖高度"
		7	左挖方桥右路基	图 6-15	左幅断面距离地面线最小值小于参数"挖方桥超挖高度"
		8	左挖方桥右挖方桥	图 6-14	两侧断面距离地面线最小值小于参数"挖方桥超挖高度"

2. 标记点传递（Set Mark Point）

在本构件中，除了需要进行路面曲面计算的点（如图 6-12 所示）外，还需要向防护构件、边坡构件、排水构件传递路线中点、左幅左侧点及右幅右侧点共计 3 个点，均采用 Set Mark Point 的形式传递。其中用于路面曲面计算的点及具体构件在本书中不做详细说明。具体传递的结构点信息见表 6-5。

表 6-5　Set Mark Point 信息一览表

序号	Point Name	Mark Name	传递的构件
1	AP999	路线设计终点	防护构件
2	AP71	右幅右侧点	边坡构件
3	AP72	左幅左侧点	排水构件

6.3.7　构件代码组成

通过部件编辑器 SAC 和 Civil 3D 的交互，让 Civil 3D 软件能够获取构件结构点线的代码，Civil 3D 道路的材质、显示信息及标注标签等功能，都是通过对构件代码应用来实现，所以构件的代码设置对于 BIM 三维模型及其应用尤为重要。实际在构件的应用过程中，通过标准的构件及其对应的 Civil 3D 模板和代码样式集，可直接输出标准的道路模型，无须再从 .pkt 文件内部调整对应的点线代码，本文针对构件代码的命名方式和规则进行简要阐述，方便读者理解构件的实际作用。

（1）点代码设置（Point Codes）　本构件用于显示输出的结构点（Point）共计 14 个，固定点代码设置规则为"LM_ 左 / 右侧 + 点编号"，分别为 LM_L1、LM_L2……LM_L7 及 LM_R1、LM_R2……LM_R7。

除上述固定的点代码设置外，要求点代码还应随路面组成情况的不同而变化，如当断面形式为桥梁时，点代码则改变成对应的桥梁代码，路面组成根据 6.3.3 小节统计，共分为路基路面、桥梁路面及隧道路面，变量代码设置规则为"LM_ 断面类型 _ 左 / 右侧 + 点编号"，分别为 LM_LJ-L1、LM_QL_L1、LM_SD_L1……。

（2）线代码设置（Link Codes）　本构件用于显示输出的连接线（Link）共计 12 条，与点代码设置相同，线代码也要求随路面组成情况的不同而变化。当断面形式为路基时，设置如图 6-12 所示中的线代码；当断面形式为桥梁时，所有线代码均设置为"桥梁"；当断面形式为隧道时，所有线代码均设置为"隧道"；当断面形式为 6.3.3 小节（2）分离式路幅组成情况时，对应一侧的线代码设置为"无代码"（图 6-39）。

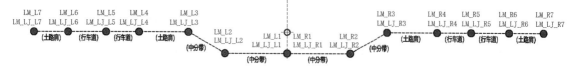

图 6-39　全幅路基断面代码组成（示意）

6.3.8　构件编写过程

在通过部件编辑器 SAC 对本构件具体进行编制的过程中，应统筹思考编写构件的框架，针对不同的功能及部件编辑器线性向后传递的特性，大致拟定构件的编写框架。本书简要阐述高速公路路面构件的制作过程，具体过程如下：

1. 设置参数及目标参数

根据 6.3.4、6.3.5、6.3.6 小节，明确构件实际需求，在开始编写构件之前，先对构件所必需的参数及偏移目标进行设置（图 6-40、图 6-41）。

Name	Type	Direction	Default Value	DisplayName	Description
中央分隔带宽度W	Double	Input	2	中央分隔带宽度	
全幅路基宽度W	Double	Input	25.5	全幅路基宽度	
土路肩坡度S	Double	Input	0.03	土路肩坡度	
行车道坡度S	Double	Input	0.02	行车道坡度	
土路肩宽度W	Double	Input	0.75	土路肩宽度	
硬路肩宽度W	Double	Input	3	硬路肩宽度	
单幅车道宽W	Double	Input	3.75	单幅车道宽	
行车道个数G	Double	Input	2	行车道个数	
路缘带宽度W	Double	Input	0.5	路缘带宽度	

Create parameter

Packet Settings Input/Output Parameters Target Parameters Superelevation Cant Event Viewer

图 6-40　设置输入输出参数

Name	Type	Preview Value	DisplayName	Enabled In Prev.
相邻道路平面Y	Offset	0	【路面】-05-右线	☐
相邻道路纵面	Elevation	4.848	【路面】相邻纵断	☐
桥梁偏移线	Offset		【路面】-04-整幅	☐
DMX	Surface	6.889	地面线	☑
相邻道路平面Z	Offset	-1	【路面】-06-左线	☐
左幅桥	Offset	-0.75	【路面】-02-左幅	☐
右幅桥	Offset	1	【路面】-03-右幅	☐
隧道偏移线	Offset	0	【路面】-07-隧道	☐
互通范围线	Offset	0	【路面】-01-互通	☐
左超高偏移线平面	Offset	-20	【路面】-08-左超	☐
右超高偏移线纵面	Elevation	8	【路面】右超高偏	☐
右超高偏移线平面	Offset	20	【路面】-09-右超	☐
左超高偏移线纵面	Elevation	-5	【路面】左超高偏	☐

Create parameter

Packet Settings Input/Output Parameters Target Parameters Superelevation Cant Event Viewer

图 6-41　设置对应目标参数

2. 定制构件框架

本构件需要用到内部参数、目标偏移及输入输出点，结合构件自身特性，按照从上至下的原则，拟定"内部参数""偏移点""AP点线""代码设置""结构点""输出点""输出值"共计 7 种构件组成方式（图 6-42）。

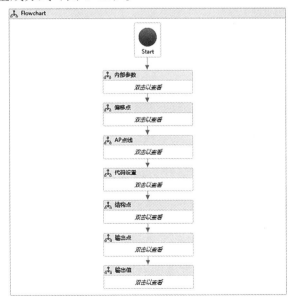

图 6-42　高速公路路面构件框架

3. AP 辅助点编号规则

本构件的编写较为复杂，用到的辅助点（Auxiliary Point）较多，使用的方式也不尽一样，所以应对不同种类的辅助点用以规则区分，对于后续查看、修改辅助点较为便利。根据笔者以往编写构件经验，通常一个构件的编写至少会用到两种辅助点，分别为偏移目标对应的辅助点以及对应断面组成所需要的辅助点。

在本构件中，对于所有偏移目标的辅助点，以三位数开头，如图 6-43 所示。

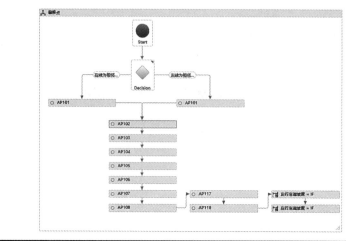

图 6-43　对应偏移目标"桥梁偏移线"的辅助点编号为 102（AP102）

因为高速公路多种断面组成都不能适用于标准的左右对称断面，因此在本构件编写时，需要同时写入路面左右两侧的结构点组成方式。在本构件中，所有断面结构上的辅助点均用两位数表示，其中个位数为"1""2"，分别表示断面的右侧、左侧，十位数表示结构点的位置及顺序，如图 6-44 所示。

图 6-44　标准断面辅助点命名方式

4. AP 点线的编写方式

对于简单的构件，AP 点的变化规则及参数可通过 AP 点自身的 Point Geometry Properties 中进行设置改变。而本构件需要 AP 辅助点变化的方式共有 10 种，结合互通段落的情况，在本构件中共计考虑了 12 种不同的情况，若采用上述简单构件 AP 辅助点的设置方式，那么逻辑关系将非常复杂，且不便于修改及维护。因此，本构件 AP 辅助点的编写方式，采用了枚举方式，将每一种断面设置情况进行单独判断和编写。在总体框架中"AP

点线”一栏的组成方式如图 6-45 所示。

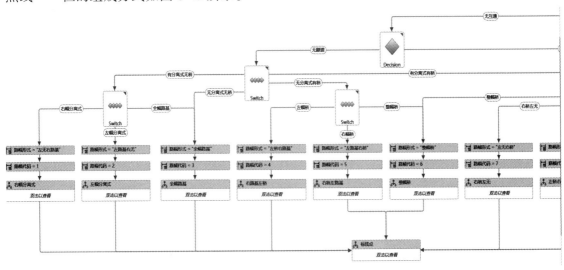

图 6-45　AP 辅助点编写逻辑示意图

通过 6.3.5 小节目标参数的设置情况，判断不同目标参数组合情况所产生的断面形式，所有高速公路可能组成的情况分类编写，其优点是逻辑关系清楚，AP 辅助点的编写相对简单，对于测试构件在 Civil 3D 中的运行效果也可快速检查及修改；其缺点是在 .pkt 文件中 AP 点的数量相对较多，编写构件的过程中运行速度会受到一定影响（在 Civil 3D 中运行效率不受影响）。读者在自己编写的过程中可根据实际项目采用不同的方式对路面构件进行编写。

5. 点线代码的设置

从图 6-45 中可以看出在每一种情况的逻辑线中，都对构件自身变量（类型为 String）"路幅形式"进行了赋值，对于每一种不同形式的断面，都有特定的变量名。在对点线代码设置的过程中，可直接通过"路幅形式"的变量名称，根据 6.3.7 小节的代码命名规则及组成方式，对不同断面下的结构点线代码进行赋值（类型为 String）（图 6-46~图 6-48）。

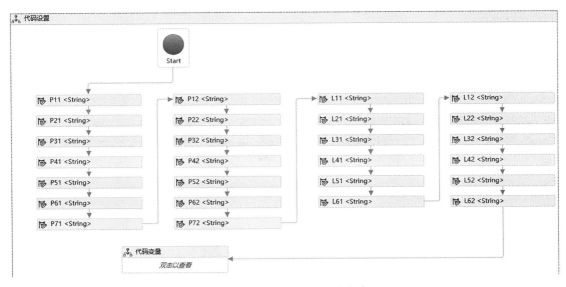

图 6-46　"代码设置"构成方式

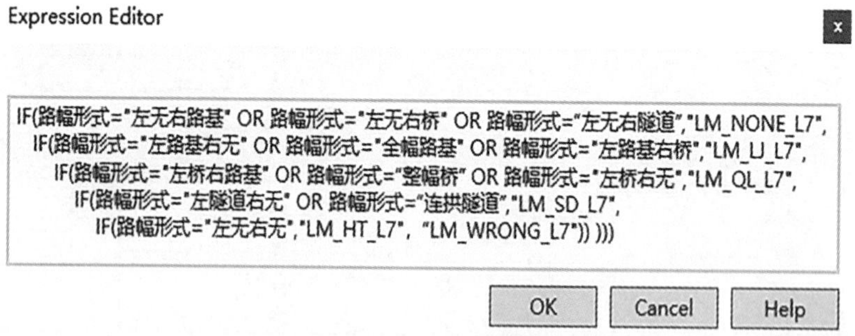

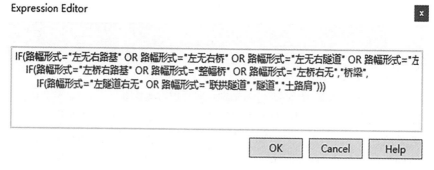

Expression Editor
IF(路幅形式="左无右路基" OR 路幅形式="左无右桥" OR 路幅形式="左无右隧道","LM_NONE_L7",
IF(路幅形式="左路基右无" OR 路幅形式="全幅路基" OR 路幅形式="左路基右桥","LM_LJ_L7",
IF(路幅形式="左桥右路基" OR 路幅形式="整幅桥" OR 路幅形式="左桥右无","LM_QL_L7",
IF(路幅形式="左隧道右无" OR 路幅形式="连拱隧道","LM_SD_L7",
IF(路幅形式="左无右无","LM_HT_L7", "LM_WRONG_L7")))))
OK
Cancel
Help

图 6-47　P72 点代码变量函数

Expression Editor
IF(路幅形式="左无右路基" OR 路幅形式="左无右桥" OR 路幅形式="左无右隧道" OR 路幅形式="左
IF(路幅形式="左桥右路基" OR 路幅形式="整幅桥" OR 路幅形式="左桥右无","桥梁",
IF(路幅形式="左隧道右无" OR 路幅形式="联拱隧道","隧道","土路肩")))
OK
Cancel
Help

图 6-48　L62 线代码变量函数

6. 结构点 \ 连接的设置（Point\Link）

将 AP 辅助点编写完成后，只需将结构点 Point 附着到对应的辅助点 Auxiliary Point 上，通过 Link 的连接构成结构线，再写入已经设置好的代码变量，从而形成最终构件的结构点线，如图 6-49 所示。

P72
P62
P52
P42
P32
P22
AP12
P11
P21
P31
P41
P51
P61
P71
L52
L51
L41
L31
L21
L11
L11
L21
L31
L41
L51
L52

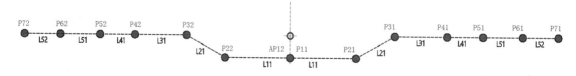

图 6-49　高速公路路面结构点线设置结果

7. 输出点与输出值

本构件的输出点与输出值较为简单，不再阐述。具体思路及结果详见 6.3.6 小节。

6.4　路面构件——高速公路互通路面

6.4.1　构件参考图纸

1）互通范围主线路面参考图纸同 6.3.1 小节图纸。

2）互通范围匝道路面参考图纸如图 6-50~ 图 6-52 所示。

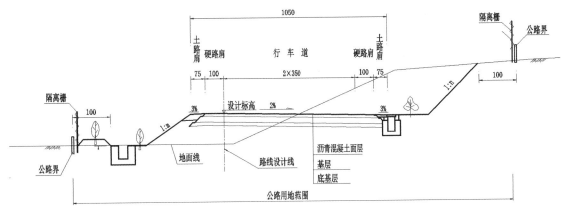

图 6-50　单向双车道匝道路基标准横断面图

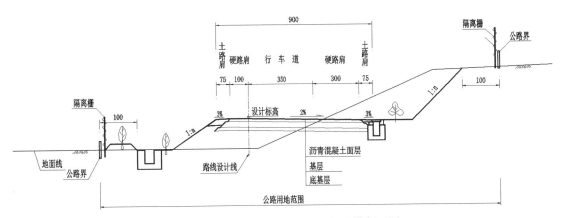

图 6-51　单向单车道匝道路基标准横断面图

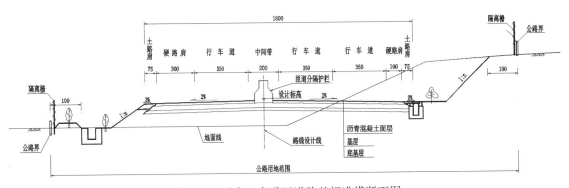

图 6-52　对向三车道匝道路基标准横断面图

6.4.2　构件定制内容及思路

1. 构件内容

本构件主要为高速公路互通路面（包含主线路面）进行使用，与 6.3 节高速公路路面（主线）构件最主要的区别在于互通匝道分流汇流鼻端的平面处理，自动对鼻端位置进行判断组合，其使用性质在于粗略反映高速公路互通的三维模型。

根据 BIM 特性及构件的使用性质，本构件不考虑路面结构层及路面具体功能区块（中央分隔带、行车道、土路肩）的定义与表达，对于匝道分流汇流鼻端处的高程仅根据主线纵坡进行适当判断、粗略处理。结构输出点线为正投影路面结构。

2. 构件思路

本构件的编制思路为依据已经设计好的互通设计文件，快速建立与设计图纸相对应的三维模型，如何尽量提高建模效率是本构件编写的核心思路。因此，本构件实际正投影结构点为三个，即路中线点、左幅左侧点和右幅右侧点，当有挖方桥超挖路基时，有4个结构点。具体结构点布设如图6-53所示。（具体代码可参考图6-76）

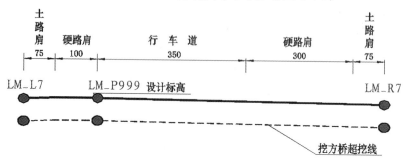

图 6-53　高速公路互通路面结构点线设置情况

6.4.3　高速公路互通路面组成情况

互通路面构件组成情况的考虑，主要是根据互通主线\匝道左右两侧是否放坡来统计互通路面的组成情况，而在四川省山区高速公路中往往存在互通布设在主线左右分线的范围内，故本构件需要明确主线与匝道的定义。本构件对于主线的定义仅为项目设计文件中的主线（含左线），其余道路均为匝道（包括枢纽互通中与主线相交叉的高速公路），如图6-54所示。

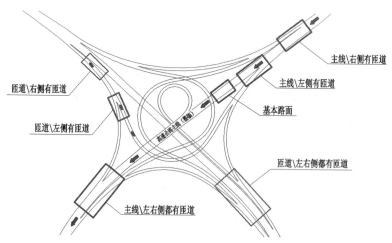

图 6-54　枢纽互通路面布设情况

笔者在编写本构件前，查阅了大量高速公路互通的设计图纸，共统计出基本路面（主线）、左线路面、右线路面、匝道\右侧有匝道、主线\右侧有匝道、匝道\左右侧都有匝道、主线\左右侧都有匝道、主线\左侧有匝道、匝道\左侧有匝道等9种不同的路面组成情况。在本书中选取较为典型的枢纽互通来阐述互通路面的各类组成方式。

（1）基本路面（主线整幅\匝道）　如图6-55所示。

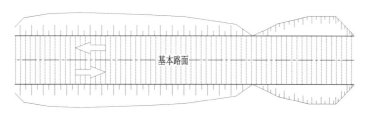

图 6-55　基本路面

上述路面组成仅受道路两侧边线控制，适用于整幅主线（左右侧无匝道）或匝道（左右侧无匝道或主线）的断面情况。

（2）右线路面（主线分离式）　如图 6-56 所示。

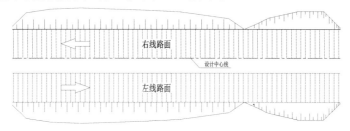

图 6-56　右线路面

上述路面组成受道路边线及相邻道路设计线控制，适用于含有分离式的右线断面情况。

（3）左线路面（主线分离式）　如图 6-57 所示。

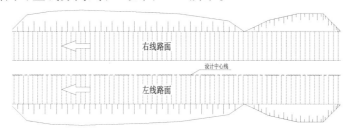

图 6-57　左线路面

上述路面组成受道路边线及相邻道路设计线控制，适用于含有分离式的左线断面情况。

（4）主线＼右侧有匝道　如图 6-58、图 6-59 所示。

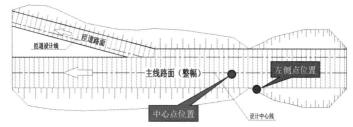

图 6-58　主线＼右侧有匝道（1）

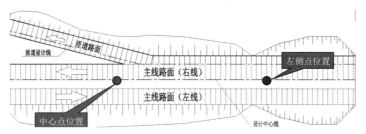

图 6-59　主线＼右侧有匝道（2）

主线\右侧有匝道根据路基放坡的情况，分为图 6-58、图 6-59 两种类型，其区别在于主线路面（整幅）右侧有匝道的情况下（图 6-58），构件左幅左侧点与中心点的距离为高速公路标准路基宽度 /2，而如图 6-59 所示情况，构件左幅左侧点与中心点的距离为极小值（1E-05）。不同的构件设置对于在 Civil 3D 道路建模中反映出来的效果是截然不同的，读者在编写相关构件时，应充分考虑到每一个结构点或辅助点在实际道路建模过程中的位置。

（5）主线\左侧有匝道　主线\左侧匝道的情况同（4）主线\右侧有匝道情况，本书不再阐述。

（6）主线\左右侧都有匝道　如图 6-60、图 6-61 所示。

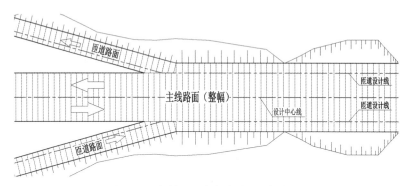

图 6-60　主线\左右侧都有匝道（1）

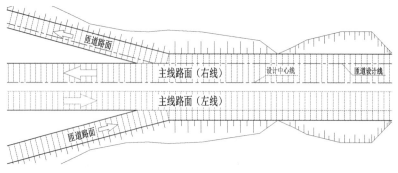

图 6-61　主线\左右侧都有匝道（2）

上述路面组成情况的规则及原理同（4）主线\右侧有匝道情况，也是因为结构点的设置位置不同导致，在后续小节会单独阐述各种情况的设置方式。

（7）匝道路面组成情况　匝道路面的组成情况规则及原理同主线路面，其中（4）（5）主线整幅的路面组成一般适用于单向单车道及单向双车道匝道的情况（图 6-50、图 6-51），主线左右侧都有匝道的情况一般适用于单喇叭互通的 E 匝道，即对向三车道匝道的组成情况（图 6-52）。

（8）桥梁路面组成情况　桥梁路面组成情况包含了上文（1）~（7）所有情况的桥梁组成，在本书中不做阐述。具体的实际应用在本章 6.4.5 小节中有详细说明。

（9）隧道路面组成情况　在国内的高速公路互通设计中，互通范围内主线为隧道、匝道为隧道的情况通常不容易出现，从笔者接触到的国内高速公路设计文件中，仅有四川省都江堰至汶川高速公路（已建成）汶川落地互通出现过匝道为隧道的情况。因此，在本构件的实际编写过程中，暂不将互通范围有隧道的路面组成考虑进去。

6.4.4 构件参数输入、内部变量逻辑关系

（1）构件参数设置（Input） 根据本构件的内容及思路，考虑到其路面宽度主要受道路两侧边线控制，在不考虑中央分隔带（主线）、行车道、硬路肩及土路肩设置的情况下，本构件的变量参数仅有"挖方桥超挖高度"一项，主要用于控制桥梁通过挖方段时桥梁梁体的高度，计算路基需要超挖的高度，通常对于总体模型来讲，一般根据项目情况为一定量即可，如图 6-62、图 6-63 所示。

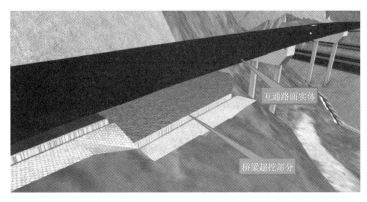

图 6-62 挖方桥超挖示意图

图 6-63 桥梁超挖段边坡

在本构件中，路面组成的结构点较少，与高速公路主线路面构件不同，没有具体内部细节尺寸。具体参数化名称、默认数值及参数类型见表 6-6。

表 6-6 构件参数设置一览表

序号	构件名称	参数名称	默认数值	参数类型	备注
1	高速公路互通路面	挖方桥超挖深度	2	Double	挖方桥路段路基超挖深度

（2）构件内部变量逻辑关系（Define Variable） 在本构件中，用于构件本身的参数变量与高速公路主线构件思路相同，即路面构件的通用内部变量为"左侧行车道坡度"和"右侧行车道坡度"，这两个变量会通过目标（超高线）的改变而改变，从而实现路面超高的变化。

用于自身构件参数传递的内部变量为"左侧是否放坡""右侧是否放坡"（变量类型为"YES\NO"）、"左侧放坡属性"和"右侧放坡属性"（变量类型为 String），其中"是否放坡"变量与"放坡属性"变量间的逻辑关系因涉及最终路面曲面的生成与输出，逻辑

关系较为复杂，在本书中不做说明。通过内部变量的改变和传递最终影响输出参数（Output）"路基存在性"值的变化，具体详见 6.4.6 小节。

与高速公路主线构件不同的是，在本构件中除桥梁、隧道以外，还存在一种情况会使本构件某一侧不做放坡处理，如图 6-64 所示。

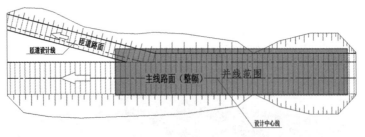

图 6-64　构件是否放坡情况示意

当互通范围主线路面使用本构件进行道路建模时，因主线右侧与匝道存在一定范围的并线关系（在传统设计过程中，该处路段为主线的附加板块），设计时为主线的断面设计，但考虑到若采用传统设计的方式进行构件编写，会出现在匝道分流/汇流位置处的路基边坡重叠的情况。笔者经多个项目试验论证后，总结出采用此方法可有效避免边坡重叠的情况，具体思路在本书中不做阐述，读者在编写互通路面构件时，两种并线设计的方法都可进行尝试。因此该并线范围内的主线右侧不做放坡处理。特此对内部变量"是否放坡"及"放坡属性"进行说明。构件内部变量的自身传递方式及过程如图 6-65 所示。

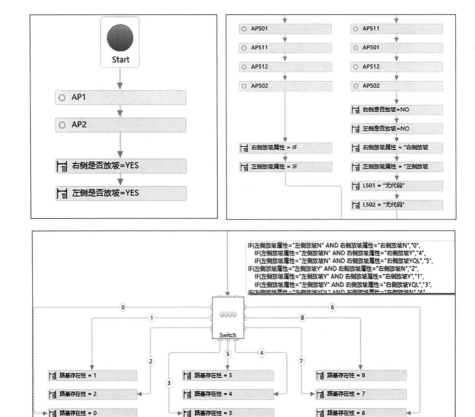

图 6-65　构件内部变量的自身传递方式及过程

用于结构点线代码参数变化的内部变量为"P1""P2""L1""L2""P999"（路线设计点），所有点线代码的命名方式原则上与所对应的结构点线相同，方便编写者记忆和查看。具体内部变量内容及类型等相关参数详见表 6-7。

表 6-7　内部变量参数一览表

序号	变量名称	变量类型	变量初始值	变量内容	变量改变方式
1	左行车道坡度	Double	0.02	/	随偏移目标改变而改变
2	右行车道坡度	Double	0.02	/	
3	左侧是否放坡	YES\NO	NO	YES、NO	随路幅形式改变而改变
4	右侧是否放坡	YES\NO	NO	YES、NO	
5	左侧放坡属性	String	/	左侧放坡 N、左侧放坡 Y、……	
6	右侧放坡属性	String	/	右侧放坡 N、右侧放坡 Y、……	
7	P1	String	/	LM_LJ_R7，LM_QL_R7，LM_SD_R7	
8	L1	String	/	桥梁、行车道	
……	……	……	……	……	

6.4.5　构件目标参数设置情况及功能

（1）本构件偏移目标设置情况　根据 6.4.3 小节高速公路互通路面组成情况分析，结合部件编辑器自身特点，本构件共拟定了 Offset 偏移目标 10 个，Elevation 高程目标 6 个。具体信息及设置见表 6-8。

表 6-8　高速公路互通路面偏移目标设置情况

偏移目标名	类型	偏移目标名	类型
【路面】-01- 相邻匝道平面（右）	Offset	【路面】相邻主线纵面 - 仅为主线道路使用	Elevation
【路面】-02- 右侧边线	Offset	【路面】相邻匝道纵面（左）	Elevation
【路面】-03- 桥梁范围	Offset	【路面】相邻匝道纵面（右）	Elevation
【路面】-04- 左侧边线	Offset	【路面】- 相邻路线超高纵面	Elevation
【路面】-05- 不考虑挖方桥范围	Offset	【路面】- 右超高偏移线	Elevation
【路面】-06- 相邻主线平面 - 仅为主线道路使用	Offset	【路面】- 左超高偏移线	Elevation
【路面】-07- 相邻匝道平面（左）	Offset	—	—
【路面】-08- 左超高偏移线	Offset		
【路面】-09- 右超高偏移线	Offset		
【路面】-10- 相邻路线超高线	Offset		

（2）路面组成情况与本构件偏移目标的对应关系　根据 6.4.2 构件定制内容及思路，本构件的所有断面组成均需具有道路路面边线，即在任何一种路面组成情况中都需使用到"【路面】-02- 右侧边线""【路面】-04- 左侧边线"两个偏移目标，在下文中对于所有路面组成情况不再做说明。

1）图 6-55 所示的基本路面，该路面形式为高速公路互通路面基本路面形式，无须设置任何偏移目标。

2）图 6-56 所示的右线路面（主线分离式），该断面形式需在 Civil 3D 道路目标中选择"【路面】-06- 相邻主线平面 - 仅为主线道路使用",相邻主线平面（左线线位）范围相对于主线的有效距离为 0~300m，相邻纵面偏移目标则选择该相邻道路（左线）的纵断面设计线，如图 6-66 所示。

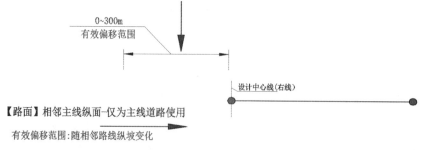

图 6-66　右线路面（主线分离式）偏移目标内容及范围

3）图 6-57 所示的左线路面（主线分离式），该断面形式需在 Civil 3D 道路目标中选择"【路面】-06- 相邻主线平面 - 仅为主线道路使用"，相邻主线平面（右线线位）范围相对于主线的有效距离为 0~300m，相邻纵面偏移目标则选择该相邻道路（右线）的纵断面设计线，如图 6-67 所示。

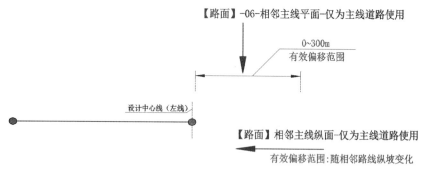

图 6-67　左线路面（主线分离式）偏移目标内容及范围

4）主线 \ 右侧有匝道。情况（1）（图 6-58），该断面形式需在 Civil 3D 道路目标中选择"【路面】-01- 相邻匝道平面（右）"，相邻匝道平面范围相对于主线的有效距离为 0~50m，相邻纵面偏移目标则选择该相邻道路的纵断面设计线。值得注意的是，如图 6-68 所示，该处断面右侧边线应选择匝道最外侧的黑色边线（若不选此边线，通过该构件在 Civil 3D 中绘制的道路模型也是正确的，但是逻辑关系不够严谨，建议读者在使用本构件时还是应按照要求选择对应的外侧边线）。

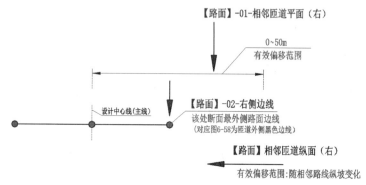

图 6-68　主线 \ 右侧有匝道偏移目标内容及范围（1）

情况（2）（图6-59），该断面形式除按照情况（1）选择相同的平面偏移目标及纵面偏移目标外，还需选择"【路面】-06-相邻主线平面-仅为主线道路使用"及"【路面】相邻主线纵面-仅为主线道路使用"，偏移目标的具体设置规则如图6-69所示。

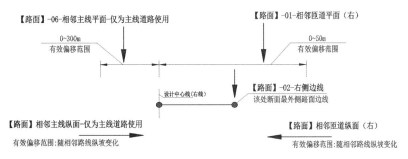

图6-69　主线\右侧有匝道偏移目标内容及范围（2）

5）主线\左侧有匝道，该断面形式偏移目标的设置方式同4）主线\右侧有匝道，具体设置方式如图6-70所示。

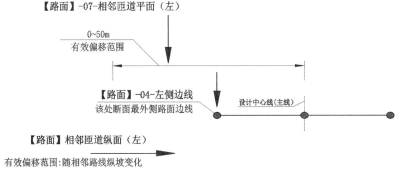

图6-70　主线\左侧有匝道偏移目标内容及范围

6）主线\左右侧都有匝道。情况（1）（图6-60），该处断面形式在互通路面组成中情况较为复杂，选择的偏移目标相对较多，应选择平面偏移目标"【路面】-01-相邻匝道平面（右）""【路面】-02-右侧边线""【路面】-04-左侧边线""【路面】-07-相邻匝道平面（左）"及纵面偏移目标"【路面】相邻匝道纵面（左）""【路面】相邻匝道纵面（右）"，具体偏移目标的设置规则如图6-71所示。

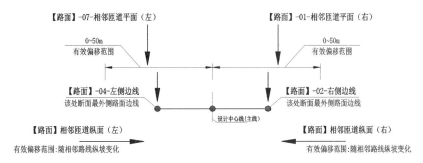

图6-71　主线\左右侧有匝道偏移目标内容及范围（1）

情况（2）（图6-61），该处断面形式的偏移目标设置与4）主线\右侧有匝道的内容完全相同，可以理解成该处断面形式仅为控制右线及右线右侧匝道的道路断面，左线及左侧匝道的道路断面应在左线设计道路中进行体现，如图6-72所示。

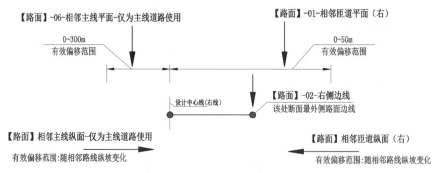

图 6-72　主线 \ 左右侧有匝道偏移目标内容及范围（2）

7）匝道路面偏移目标设置。匝道路面组成的偏移线设置与主线的设置方式相同，根据本构件主线与匝道的功能定义（6.4.3 小节），在匝道路面构件的所有偏移目标中，均不设置"【路面】-06- 相邻主线平面 - 仅为主线道路使用"及"【路面】相邻主线纵面 - 仅为主线道路使用"两种类型的偏移目标即可。本书对于相应的设置内容及范围不再阐述。

8）桥梁路面偏移目标设置。与高速公路主线路面构件不同，本构件桥梁路面的偏移目标设置较为简单，仅有"【路面】-03- 桥梁范围"一种偏移目标，其设置平面的有效范围在路面范围内即可，偏移纵面无要求。具体设置方式如图 6-73 所示。

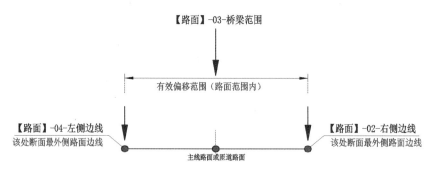

图 6-73　桥梁路面偏移目标内容及范围

9）超高路面偏移目标设置。本构件在正常路段的超高偏移目标设置与 6.3 高速公路主线路面构件超高偏移设置相同，具体可参考图 6-38 中的具体设置情况。除此之外，对于互通匝道的超高，如图 6-74、图 6-75 所示，在传统匝道平纵设计时，对于加减速车道的纵断面随主线纵坡变化，在独立的匝道设计数据文件中，往往没有加减速车道的纵断面数据文件，因此，该处断面的超高也是同主线超高保持一致（在传统设计中，该路段属于主线的附加车道），需使用到平面偏移目标"【路面】-10- 相邻路线超高纵面"及纵面偏移目标"【路面】- 相邻路线超高纵面"。

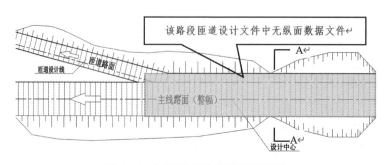

图 6-74　加减速车道位置平面示意

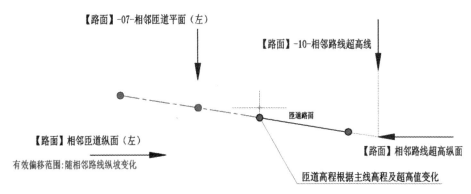

图 6-75　A-A 断面超高偏移目标设置方式

6.4.6　构件的参数传递

本构件在整个公路工程标准构件中的功能与定位，与高速公路主线路面构件是相同的，因此在向下传递参数及结构点的相关信息与高速公路主线路面构件相同。在本小节中不做相关阐述，仅列出相应的构件参数传递信息表及 Set Mark Point 信息一览表，见表 6-9、表 6-10。

表 6-9　构件参数传递信息表

参数名称	参数类型	参数内容	参数说明	情况示意	备注
路基存在性	Double	0	无路基	图 6-14、图 6-19、图 6-20、图 6-21、图 6-22	—
		1	有路基	图 6-13	—
		2	左路基右无	图 6-18	分离式情况
		3	左路基右挖方桥	图 6-16	右幅断面距离地面线最小值小于参数"挖方桥超挖高度"
		4	左无右路基	图 6-17	分离式情况
		5	左无右挖方桥	图 6-14	右幅断面距离地面线最小值小于参数"挖方桥超挖高度"
		6	左挖方桥右无	图 6-14	左幅断面距离地面线最小值小于参数"挖方桥超挖高度"
		7	左挖方桥右路基	图 6-15	左幅断面距离地面线最小值小于参数"挖方桥超挖高度"
		8	左挖方桥右挖方桥	图 6-14	两侧断面距离地面线最小值小于参数"挖方桥超挖高度"

表 6-10　Set Mark Point 信息一览表

序号	Point Name	Mark Name	传递的构件
1	AP999	路线设计中线点	防护构件边坡构件排水构件
2	AP71	右幅右侧点	
3	AP72	左幅左侧点	

6.4.7 构件代码组成

本构件在整个公路工程标准构件中的功能与定位，与高速公路主线路面构件是相同的，因此本构件的点线代码设置规则、内容及方式与高速公路主线路面相同，在本小节中仅做简要阐述。

本构件用于显示输出的结构点（Point）共计 7 个（3 个路面结构点、4 个挖方桥超挖路基点）、连接线（Link）共计 4 条（2 条路面结构线、2 条挖方桥超挖路基线），其点线代码内容与高速公路主线路面构件相同，如图 6-76 所示。

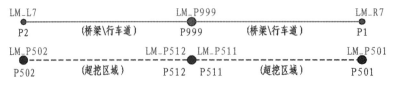

图 6-76　互通路面构件基本路面代码组成（示意）

6.4.8 构件编写过程

在通过部件编辑器 SAC 对本构件具体进行编制的过程中，应统筹思考编写构件的框架，针对不同的功能及部件编辑器线性向下传递的特性，大致拟定构件的编写框架。本书简要阐述高速公路路面构件的制作过程，具体过程如下：

（1）设置参数及偏移目标　根据 6.4.4、6.4.5、6.4.6 小节，明确构件实际需求，在开始编写构件之前，先对构件所必需的参数及偏移目标进行设置，如图 6-77、图 6-78 所示。

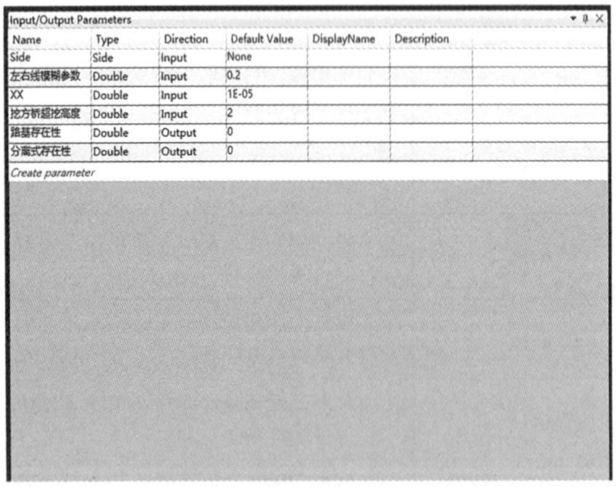

Input/Output Parameters

Name	Type	Direction	Default Value	DisplayName	Description
Side	Side	Input	None		
左右线模糊参数	Double	Input	0.2		
XX	Double	Input	1E-05		
挖方桥超挖高度	Double	Input	2		
路基存在性	Double	Output	0		
分离式存在性	Double	Output	0		

Create parameter

图 6-77　设置输入输出参数

Target Parameters

Name	Type	Preview Value	DisplayName	Enabled In Prev
相邻路线右侧	Offset	2.638	【路面】-01-相邻	☐
DMX	Surface	-0.485		☑
右侧边线	Offset	3.477	【路面】-02-右侧	☑
桥梁偏移线	Offset	0.099	【路面】-03-桥梁	☐
左侧边线	Offset	-3.517	【路面】-04-左侧	☑
相邻主线纵面	Elevation	0.573	【路面】相邻主线	☐
不考虑挖方桥路段	Offset	0	【路面】-05-不考	☐
相邻主线平面	Offset	0.01	【路面】-06-相邻	☐
相邻纵面左侧	Elevation	-0.948	【路面】相邻匝道	☐
相邻纵面右侧	Elevation	-0.257	【路面】相邻匝道	☐
相邻路线左侧	Offset	-3.067	【路面】-07-相邻	☐
左侧分离式范围	Offset	-4.094	【分离式】左侧处	☐
左超高偏移平面	Offset	-7.018	【路面】-08-左超	☐
相邻路线超高纵面	Elevation	1.919	【路面】-相邻路	☐
相邻路线超高平面	Offset	-5.675	【路面】-10-相邻	☐
右超高偏移纵面	Elevation	8	【路面】-右超高	☐
右超高偏移平面	Offset	20	【路面】-09-右超	☐
左超高偏移纵面	Elevation	-5	【路面】-左超高	☐
右侧分离式边线纵面	Elevation	-2	【分离式】右侧边	☐
左侧分离式边线纵面	Elevation	-2	【分离式】左侧边	☐
右侧分离式边线平面	Offset	5	【分离式】右侧边	☐
左侧分离式边线平面	Offset	-5	【分离式】左侧边	☐
右侧分离式范围	Offset	4.454	【分离式】右侧处	☐

图 6-78　设置对应偏移目标

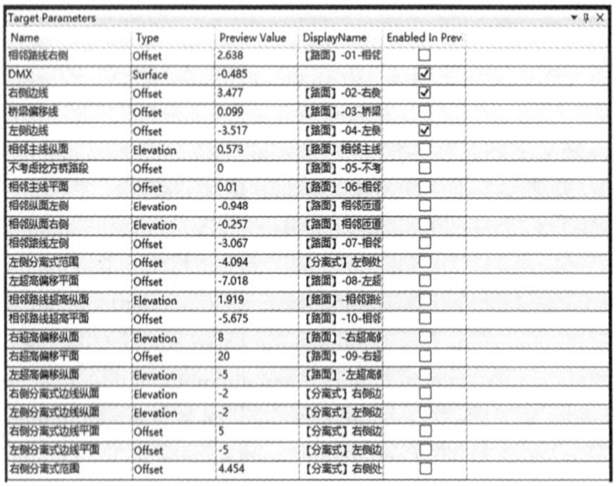

（2）定制构件框架　本构件需要用到内部参数、目标参数及输入输出点，结合构件自身特性，按照从上至下的原则，拟定“偏移目标及内部代码”“AP 点线”“点线代码”“结构点线”“路面曲面”“输出数据”共计 6 种构件组成方式，如图 6-79 所示。

（3）AP 辅助点编号规则。本构件与高速公路主线路面构件同为路面构件，其构件编制原则和功能大致相同，因此 AP 辅助点的编号规则一致，对于所有偏移目标的辅助点，均以三位数开头（以 100 开头），如图 6-80 所示。

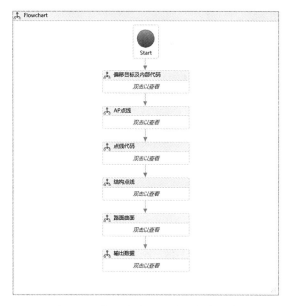

图 6-79　高速公路互通路面构件框架

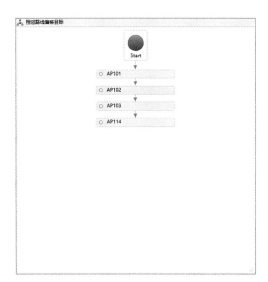
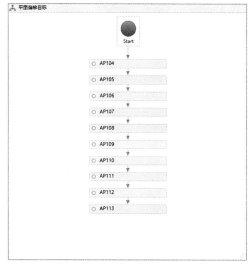

图 6-80　偏移目标辅助点（Auxiliary Point）设置情况

与高速公路主线路面构件相同，本构件的路面组成也不能适用于标准的左右对称断面，需要同时写入路面左右两侧的结构点组成方式。在本构件中，所有断面结构上的辅助点共计3个，较为简单，所以直

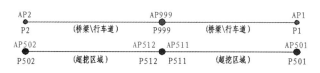

图 6-81　标准断面辅助点命名方式

接命名为AP1、AP2及路中线辅助点AP999（同高速公路主线路面构件路中线辅助点），对于桥梁超挖区域4个辅助点，命名分别为AP502、AP512、AP501、AP511。具体设置方式如图6-81所示。

（4）AP点线的编写方式　与高速公路主线路面构件相同，本构件AP辅助点的编写方式采用枚举方式，将每一种断面设置情况进行单独判断和编写。在总体框架中"AP点线"

一栏的组成方式及步骤如下：

1）通过相邻路线等偏移目标判断本构件适用的为主线或是匝道，如图 6-82 所示。

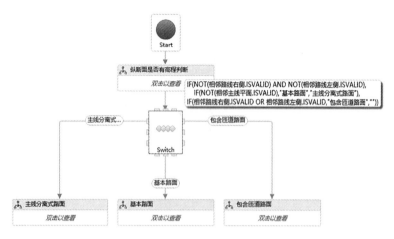

图 6-82　主线匝道的区分判断

2）枚举主线或匝道的所有组成情况，并对辅助点进行位置的改变，如图 6-83、图 6-84 所示。

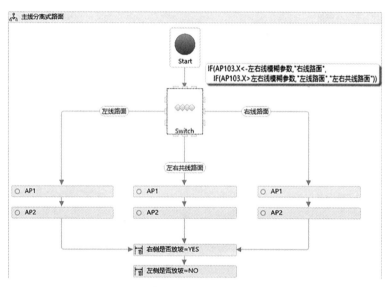

图 6-83　主线分离式路面组成情况辅助点设置

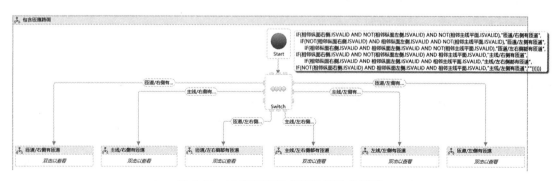

图 6-84　匝道路面组成情况辅助点设置

3）在本构件中最复杂的主要为"匝道＼左右侧都有匝道"的情况，该情况基本包含了图 6-85 中的所有可能，本书以"匝道＼左右侧都有匝道"为例，阐述具体的判断逻辑及辅助点的设置，同样是采用枚举的方式，将每一种出现的情况都对辅助点进行赋值改变。

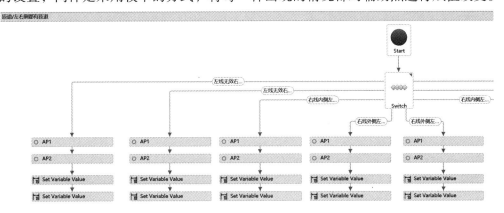

图 6-85 "匝道＼左右侧都有匝道"情况逻辑判断构架图

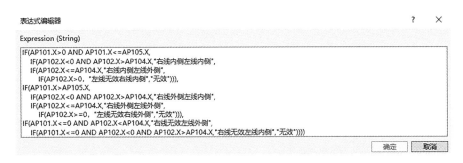

图 6-86 "匝道＼左右侧都有匝道"逻辑判断表达式

注：1. AP101——相邻路线右侧偏移目标对应辅助点。

2. AP102——相邻路线左侧偏移目标对应辅助点。

3. AP104——左侧边线偏移目标对应辅助点。

4. AP105——右侧边线偏移目标对应辅助点。

通过设置的偏移目标及其偏移目标所对应的点（如何设置可参考图 6-43）的逻辑判断，将该情况的所有不同组合分类列举出来。具体的逻辑判断关系可参考图 6-86。

（5）点线代码的设置　根据 6.2 节构件定制思路，为保证路面构件的连续性，在本构件内的所有结构点的构成名称及代码组成与高速公路主线路面构件保持一致，结构线代码（Link Codes）与高速公路主线路面构件略有不同，线代码包含"桥梁""行车道"两种线代码，如图 6-87 所示。

（6）结构点＼连接的附着（Point\Link）　将 AP 辅助点编写完成后，只需将结构点 Point 附

图 6-87 L1 线代码变量函数

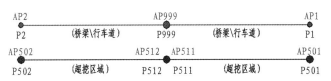

图 6-88 高速公路互通路面构件结构点线设置结果

61

着到对应的辅助点 Auxiliary Point 上，通过 Link 的连接构成结构线，再写入已经设置好的代码变量，从而形成最终构件的结构点线，如图 6-88 所示。

（7）路面曲面设置　本构件路面曲面的设置，其目的主要是考虑 Civil 3D 道路模型与 InfraWorks 软件结合的方式问题，在本书中主要介绍构件的操作及其在 Civil 3D 中的应用，未涉及 InfraWorks 软件，因此本书中对于路面曲面设置一节不做介绍（本构件路面曲面的设置对于 Civil 3D 的道路模型无任何影响）。

（8）输出数据　本构件的输出数据为参数的输出（Output）以及结构点的传递（Set Mark Point），其参数、点名称及位置与高速公路主线路面构件相同，具体思路及结果详见 6.4.6 构件参数的传递一节，本小节不再阐述。

6.5　防护构件——路肩墙

路肩墙作为挂接式装配中的第二个构件，能够挂接在路面构件边缘的标记点，通过识别是否有目标参数，实现建模过程中对路肩墙结构体的创建，同时还能完成某些防护工程设计复核的功能，如在挖方路段设置了路肩墙的情况，或路肩墙高度设置过高不合理等情况。本小节将介绍路肩墙构件的编写思路，以及如何在构件编辑器中编写具有与前述路面构件配套的路肩墙构件。

6.5.1　构件参考图纸

路肩墙构件参考图纸如图 6-89 所示。

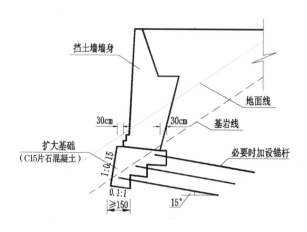

图 6-89　路肩墙标准图示例

6.5.2　构件定制内容及思路

（1）构件内容　实际运用中，路肩墙等结构物的建模方式有两大类：一类是对结构物的所有细节进行建模；另一类是以结构物的外观特点为出发点，只对结构物的可见部分进行建模。两种不同建模方式的区别主要在于，通过第一类方式制作的模型具有最大化的模型完整度，结构物之间具有独立存在性，能够独立作为信息载体，但建模过程烦琐，硬件配置消耗高，整体效率低，第二类建模方式则是以模型外观为出发点，将工程设计中需要表现的内容作为一个整体输出，外观上具有完整性，编写运行效率高，但不具备复杂信息承载的能力。在外观表现方面，两种建模方式达到的效果完全相同，仅仅是模型扩展性方面有所区别。就目前 BIM 技术在国内交通工程领域的运用程度而言，使用第二种建模方式较好，以外观表现为主，能在工程实施前期以高效率的方式将工程完成后的情况展示出来。

路肩墙构件的编写也将以第二种建模方式为出发点进行编写，只考虑路肩墙外观可见部分——挡墙墙面，不考虑墙体本身，硬路肩部分归入路面构件。

若要以第一类方式编写构件，只需添加相应的结构点并使用构件编辑器中"造型"（Shape）工具即可实现，有兴趣的读者可以参照构件编辑器官方指南进行学习。

（2）构件编写思路　将路肩墙作为次级构件，挂接在路面构件之上，通过拾取目标参数来控制是否绘制路肩墙结构物，或是将所有结构点收缩至路肩墙绘制起点（即路面构件输出的标记点）。

6.5.3　路肩墙构件组成情况

根据上一小节介绍的路肩墙构件编写思路，对常见的路肩墙标准图进行分析，可以发现，路肩墙的外观可见部分为路肩墙的墙面，由起点、终点两个结构点和连接两个结构点的一条连接组成，具体如图 6-90 所示。

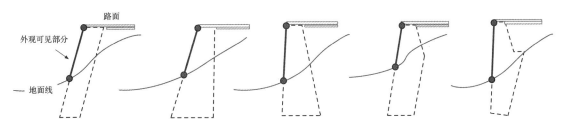

图 6-90　路肩墙构件编写

按上述编写思路，路肩墙的外观可见部分构件只需要使用两个结构点（Point）和一条连接（Link）就可实现，大大简化了编写步骤，提高了程序运行效率。两个结构点包括路肩墙起点、墙面与地面线交点，连接部分为墙面。图 6-91 为标准路肩墙的结构点与连接示意图，起点拾取路面构件输出的标记点，终点作为下一个构件的标记点输出，实现挂接、传递的功能。

图 6-91　路肩墙结构点与连接关系

6.5.4　构件输入参数设置及内部变量

构件的参数分为值参数和点参数两类，值参数又分为输入参数和输出参数，点参数又分为获取标记点和输出标记点，本节介绍路肩墙构件的输入参数设置和获取标记点设置。

（1）点参数接收（Get Mark Point）　设置获取标记点，能使构件接收其他构件传出的标记点，对于本书介绍的挂接式构件，通过设置输出标记点、获取标记点的组合形式，能够使构件之间通过标记点的形式结合在一起，实现"挂接"的效果，对于路肩墙构件，需要获取的标记点见表6-11。

表 6-11　路肩墙需要获取的标记点

标记点类型	标记点名称	标记点序号	源构件
Auxiliary Mark Point	"路线设计线点"	AP1	路面构件
Auxiliary Mark Point	if（side = left，"左幅左侧点"，"右幅右侧点"）	AP2	路面构件

（2）构件输入参数设置（Input Parameter）　构件输入参数（Input Parameter）可分为控制型输入参数和传递型输入参数两类，前者由使用者输入数值来对参数进行赋值，后者通过指定其接收其他构件输出的参数值来进行赋值。在上一小节介绍的路肩墙编写原则前提下，编写路肩墙所需的控制型输入参数见表6-12，传递型输入参数见表6-13。

表 6-12　控制型输入参数

参数名称	参数类型	参数方向	参数默认值	备注
Side	Side	Input	None	默认参数，控制构件路幅方向
墙面坡度	Double	Input	0.05	

表 6-13　传递型输入参数

参数名称	参数类型	参数方向	参数默认值	源构件
分离式存在性	Double	Input	0	路面构件
路基判断	Double	Input	0	路面构件

（3）构件内部参数声明（Define Variable）　由于点代码、连接代码的赋值一般都与路幅方向相关，如路肩墙挂接在右侧路面构件之上，那么路肩墙的起点、终点的点代码都要加上右幅的方向信息，为了避免重复编写赋值语句，可以将点代码、连接代码的值用内部变量代替。路肩墙构件需要设置的内部变量见表6-14。

表 6-14　内部变量

变量名称	变量类型	变量默认值	备注
路肩墙_起点点代码	String	if（side = left，"LJQ_L1"，"LJQ_R1"）	
路肩墙_终点点代码	String	if（side = left，"LJQ_L2"，"LJQ_R2"）	
路肩墙_连接代码	String	"路肩墙"	
标记点点代码	String	if（side = left，"左侧路肩墙终点"，"右侧路肩墙终点"）	

6.5.5　构件目标参数设置情况及功能

路肩墙构件是否在建模时绘图，取决于用户是否在区间内设置标识符，当构件识别到标识符时，就进行绘图，若未识别到标识符，路肩墙构件就会将结构点以极小值收缩于路肩墙起始结构点处。而这个标识符可以通过设置一个目标参数实现。

另外，路肩墙的挂接顺序仅次于路面构件，如图6-92所示，需要尽可能多地为后续挂接的构件输出信息，例如，可以向填方路基、挖方路基构件输出边坡剪切线信息，向路堤墙输出位置信息，而这些信息都可以通过路肩墙设置目标参数来实现。路堑墙的相关信息将在边沟构件中输出。

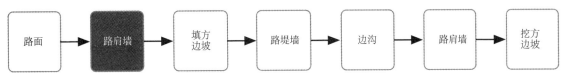

图 6-92　挂接式构建连接顺序

路肩墙需要设置的目标参数见表 6-15。

表 6-15　目标参数

目标参数名称	类型	备注
DMX	Surface	模拟地形曲面
偏移线_路肩墙	Offset	标识路肩墙的存在性
偏移线_路堤墙	Offset	标识路堤墙的存在性和相对位置
偏移线_边坡剪切线	Offset	标识边坡剪切线的存在性和相对位置

（1）DMX（地面线）　用于确定地面高程信息的目标参数，模拟 Civil 3D 中的曲面对象，如地形、道路曲面等。

（2）偏移线_路肩墙　标识路肩墙的存在性，规定偏移线距离路面中心设计线点的距离在 0.5~1.5m 内时有效，代表该段落设置路肩墙，否则不设置路肩墙，如图 6-93 所示。

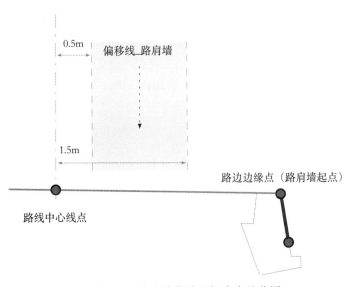

图 6-93　路肩墙偏移目标内容及范围

（3）偏移线_路堤墙　标识路堤墙的存在性及其位置信息，规定偏移线距离路面边缘点的距离在 0~70m 的范围内时有效，代表该段落设置路堤墙，且目标参数的位置即为路堤墙设置位置，如图 6-94 所示。

（4）偏移线_边坡剪切线　标识边坡剪切线的位置，边坡剪切线是重要的偏移线，存在边坡剪切线时，填方边坡或挖方边坡的边坡线会结束于边坡剪切线所在位置，边坡剪切线常用于处理多个边坡重叠的情况，如图 6-95 所示。

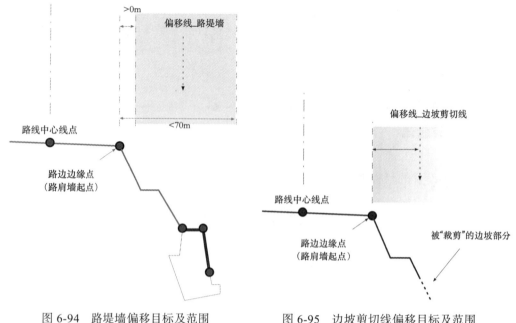

图 6-94　路堤墙偏移目标及范围　　　　图 6-95　边坡剪切线偏移目标及范围

6.5.6　构件的参数输出

在构件的参数设置中，创建输出参数（Output Parameter），在当前构件运算结束后，将这个参数值传递给之后的构件，从而实现构件与构件之间的参数联系，结合标记点传递的特性，就能够实现挂接式装配的整体联动特点，但是要注意的，挂接构件之间的参数传递具有单向性，对于任意一项构件，其只能接收先于自身挂接的构件传出的参数或标记点（图 6-96）。挂接位置越是靠前的构件，就越需统筹考虑输出哪些参数，因为这些参数输出得越早，就越容易被之后的构件接收处理，例如图 6-96，部件一输出的参数能被部件二、部件三接收，而部件二输出的参数只能被部件三接收，不能被部件一接收。

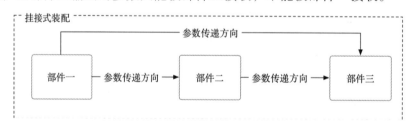

图 6-96　挂接式构件内部参数传递过程

为此，需要事先研究清楚以下问题：首先，前置构件输出了哪些参数；其次，当前构件需要接收哪些参数；再其次，当前构件对后置构件需要输出哪些参数。从图 6-92 可知，路肩墙构件要为之后的填方路基、路堤墙、边沟、路堑墙、挖方边坡构件输出参数，并为填方边坡输出标记点用于构件挂接。

（1）参数传递（Output Parameter）　综合考虑而言，当存在路肩墙时，除路肩墙以外的其他构件都应当收缩至标记点，而不存在路肩墙时，其余构件应当按照自身设置做出变化，因此当前区间是否存在路肩墙应当作为一个 Output 参数进行输出。同样的，路堤墙、边坡剪切线的存在性也应当作为参数输出，并且边坡剪切线距离路面边缘点的距离能够帮助边坡构件确定放坡的终止位置，因此也应当输出。路肩墙的输出参数见表6-16。

参数名称	参数类型	参数方向	参数默认值	备注
挡墙存在性	Double	Output	0	0：不存在挡墙；1：存在路肩墙，2：存在路堤墙
路堤墙距离	Double	Output	0	路堤墙距离路面边缘的距离
剪切线存在性	Double	Output	0	0：不存在剪切线，边坡完全放坡；1：存在剪切线
剪切线距离	Double	Output	0	剪切线距离路边边缘的距离，边坡放坡至此即停止

（2）标记点输出（Set Mark Point）　路肩墙需要为填方边坡构件提供标记点，由于路肩墙构件只需要制作墙面部分，因此，将墙面与地面线的交点作为标记点进行输出即可，要注意，标记点的代码应当区别路幅信息，若没有区分左右幅，会导致 Civil 3D 中填方边坡构件无法准确辨别正确的标记点，见表6-17。

表 6-17　填方边坡构件标记点

点名称	标记名称	备注	图示	接收构件
P3	if(side = left , "左侧路肩墙终点"，"右侧路肩墙终点")	其他构件可设置获取标记点，并将标记点名称设置为标记名称，即可获取该标记点		填方边坡构件
AP200	"边坡剪切线点"	目标参数"偏移线_边坡剪切线"指向点 AP200，将 AP200 作为标记点输出，后置构件通过获取标记点的形式可以间接获取边坡剪切线的相对位置		填方边坡构件 挖方边坡构件
AP300	if(side = left , "左侧路堤墙起点"，"右侧路堤墙起点")	目标参数"偏移线_路堤墙"指向点 AP300，将 AP300 作为标记点输出，后置构件通过获取标记点的形式可以间接获取路堤墙的相对位置		填方边坡

6.5.7　构件代码组成及 Civil 3D 样式特性

在构件编辑器中，变量间通过变量名进行识别交互，而编写完成进入 Civil 3D 环境后的构件，原本的内部变量被封装，用户无法再查看或修改内部变量，这时只能通过元素的代码来操作，例如点（Point）、连接（Link）、面（Shape）的代码（Codes），代码就如同这些对象的标签，同一个对象可以有多个代码，Civil 3D 环境中，用户和程序就是通过这些代码来准确寻找目标对象的，从而修改这些对象的某些特性，例如在 Civil 3D 下点（Point）的形状、线（Link）的颜色以及是否显示等属性。

代码设置主要分为点代码和连接代码，路肩墙构件的点代码设置见表6-18，连接代码见表6-19。

表 6-18　点代码

点名称	点代码	备注	图示
P2	左幅：LJQ_L1 右幅：LJQ_R1	区分左右幅	
P3	左幅：LJQ_L2 右幅：LJQ_R2		

表 6-19　连接代码

连接名称	连接代码	备注	图示
L1	路肩墙，路基曲面	连接仅作为外观元素，不需要区分左右幅，添加"路基曲面"代码，为了在 Civil 3D 中将所有含有"路基曲面"代码的连接统一生成曲面对象	L1

在 Civil 3D 环境下，用户可以根据对象的代码值，批量修改具有相同代码对象的属性，例如，用户可以将具有"路肩墙"代码值的对象的颜色修改为黄色，道路生成后，有路肩墙的段落能明显观察到路肩墙的存在。

6.5.8　构件编写示例

前面介绍了挂接式路肩墙构件的基本思路：结构点线只绘制外观可见部分，挂接在路面构件之后，并且能够向后续构件输出路肩墙、路堤墙、边坡剪切线等信息。另外，在实际工程中，路肩墙构件还可以添加一些具有工程校核性质的复核功能，如是否为挖方墙、挡墙高度是否过高等，这些内容将在本节以案例的形式描述。

在具体进行编写之前，将路肩墙构件的编写顺序进行分析，将相关步骤整合在一起进行编写，有助于提高对整个编写过程的整体把控。例如，根据前述，路肩墙构件挂接于路面构件，需要接受前置构件传递的参数，其后挂接填方边坡构件，需要在运行结束之前向后置构件传递参数，两个过程中间，为路肩墙构件自身的主体程序。于是可将整个编写按照图 6-97 进行划分。

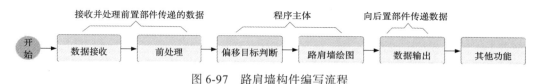

图 6-97　路肩墙构件编写流程

（1）接收前序构件传递的数据　挂接式装配是由独立编写的构件通过标记点自动挂接而成，其原理在于：将所有可能出现的工程情况纳入考虑，挂接所有可能出现的工程结构物，当实际使用过程中出现该结构物时，对应构件正常工作，绘制出相应的结构物，若实际不存在该结构物，则对应构件的点收缩至挂接起点，点与点之间的距离转变为近似于零，从外观上等同于没有出现该结构物。例如，桥、隧段落和某些分离式路基情况下，不需要绘制除路面以外的结构物（桥梁、隧道结构物单独制作），此时只有路面构件正常绘图，其余的构件全部收缩至标记点，图 6-98 中，右幅路由于设置了路肩墙，路基横断面只需要绘制到路肩墙与地面线交点处即可，右侧之后挂接构件均收缩在路肩墙的终点处，左侧则是绘制了边沟、挖方边坡，其余构件收缩在 B 点。收缩至一点的原理如图 6-99 所示。

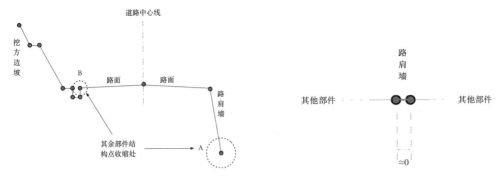

图 6-98　路肩墙结构点与其他构件结构点的位置关系　　图 6-99　结构点收缩至标记点原理示意

　　为了实现以上效果，路面构件输出了两个重要参数："分离式存在性"和"路基判断"。前者指明某侧路幅是否为分离式路基，后者指明某侧路幅是否存在桥梁、隧道结构物，两者相结合，能够推断该侧路幅是否需要绘制路面以外的其他构件。在构件编辑器中，将"分离式存在性"和"路基判断"作为外部输入参数，数据类型为 Double 类型，用不同的数字来代表不同的含义，二者在逻辑上的组合代表实际中的不同工况。逻辑顺序为：侧幅→分离式存在性→路基判断。例如，当路幅为右侧，只有当分离式存在性为"两侧不存在"和"左侧存在右侧不存在"的情况下才可能存在路基，再通过"路基判断"是否为"存在路基""左路基右挖方桥""左无右路基""左无右挖方桥""左挖方桥右路基"或"左挖方桥右挖方桥"之一，确定出本侧路幅是否确实存在路基，否则不需要绘制任何路基部分结构物。

　　构件编辑器中通过 Switch 模块结合 If 条件判断语句完成逻辑判断，完整的逻辑判断如图 6-100 所示。

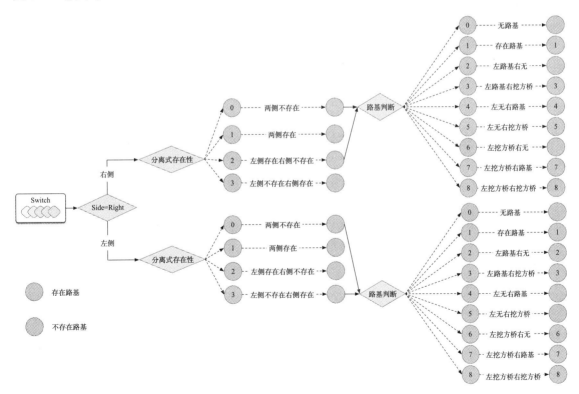

图 6-100　路肩墙构件编写思路

将图 6-100 中的逻辑关系在构件编辑器中实现，如图 6-101 所示。

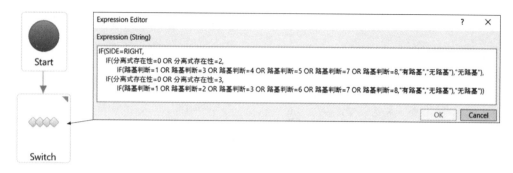

图 6-101　构件编辑器（一）

经过以上判断，实现了路肩墙构件接收来自路面构件输出的"分离式存在性"和"路基判断"两个参数，对两个参数和路幅的综合判断，能够推断出当前路段建模过程中是否具有路基，决定下一步是否需要绘制结构点（Point）和连接（Link）。

（2）路肩墙构件挂接　路肩墙构件作为独立的构件，可通过自动拾取标记点的方式自动成为挂接式装配的一部分。要实现这个功能，需要使用构件编辑器中提供的获取标记点（Get Mark Point）功能。获取标记点本质是一个点元素，设置获取标记点的标记名称属性（Mark Name），能使其自动吸附于前置构件输出的具有相同名称的标记点之上。

在部件编辑器中实现以上功能，如图 6-102 所示。

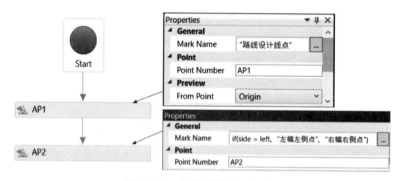

图 6-102　构件编辑器（二）

（3）前处理模块　前处理模块是构件在编写功能模块之前的一个重要模块，其中集成了之后编写功能模块所需要使用的诸多变量取值和点要素、连接要素、目标要素的设置。将这些要素的设置统一放在一个模块中进行设置，能够极大简化之后功能模块编写的复杂度，使得编写过程简单化。

路肩墙构件的前处理模块包含四个部分，分别是：挖方墙判断、变量声明及赋值、代码设置、目标参数及辅助点设置，如图 6-103 所示。

按照封装模块的思想，在构件编辑器中创建一个工作流，命名为"前处理"，在其中再创建 4 个子工作流，分别命名为"挖方墙判断""内部参数及赋值""代码""指向偏移线的点""代码设置"和"目标参数及辅助点设置"，如图 6-104 所示。

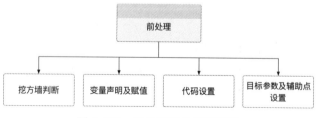

图 6-103　前处理模块编写思路

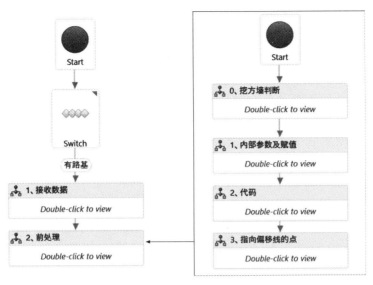

图 6-104　创建子工作流

1）挖方墙判断。设置在挖方段落的路肩墙认为是属于设计不合理之处，不进行绘制。判断路肩墙是否为挖方墙的依据为：路肩墙的标记点（起点）是否位于地面线以下，通过标记点与地面线之间的高程差即可判断出挖方、填方的关系，用一个内部"Yes\No"类型变量来接收这个判断结果，后续可直接使用这个内部变量而不必每次都去重新计算。为此，创建一个内部参数，同时要引入一条水平目标参数作为参考地面线，在部件编辑器中实现，如图 6-105 所示。

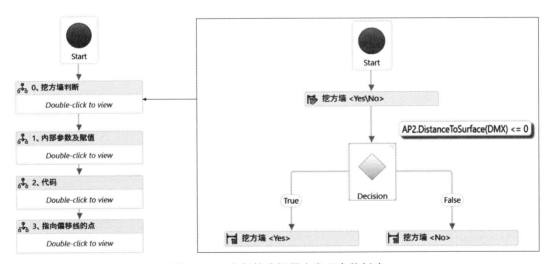

图 6-105　在部件编辑器中实现参数创建

以上就完成了前处理模块中的挖方墙判断子模块，在 Civil 3D 中创建路肩墙时，程序会自动判断该段路肩墙是否为挖方墙。

2）变量声明及赋值。这里声明的变量均指内部变量，在路肩墙构件中，涉及墙体尺寸的某些参数都可以在此子模块中进行声明并赋值。本例对路肩墙只进行外观制作，一般情况下，墙面是路肩墙的可见部分，如图 6-106 所示，在"1、内部参数及赋值"中声明一个内部变量"墙面坡度"，取值为 0.05，读者也可以将其设置为输入参数，以便在 Civil 3D 中修改。

3）代码设置。双击进入"代码设置"子模块，在此对之后要绘制路肩墙的两个点要素和一个连接要素的代码进行设置。由于路肩墙构件有左右侧的差别，因此在代码中要体现出来，为了避免在之后的绘图过程中对左侧、右侧路肩墙重复绘制，事先将点代码和连接代码设置为变量，并根据当前的左右侧信息自动变换取值，如图 6-107 所示。

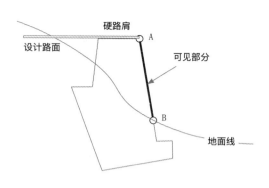

图 6-106　路肩墙构件在 Civil 3D 中的模型外观示意

观察图 6-106 可知，需要设置两个点代码，一个连接代码；另外，还需要设置一个输出给下一个构件的标记点，这个点也需要相应的代码，一共需要设置四个代码，四个变量设置模块到工作流，如图 6-108 所示。

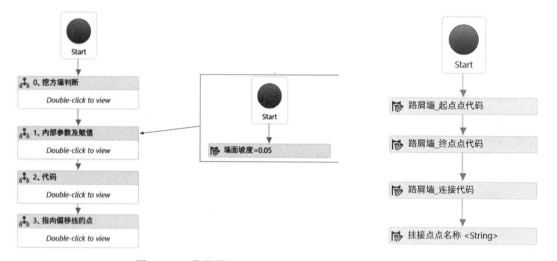

图 6-107　代码设置　　　　　　　　图 6-108　四个变量设置模块到工作流

代码均设置为字符串（String）类型，依次设置变量的名称和取值，取值采用表达式的形式，将取值与 Side 属性关联起来，见表 6-20。

表 6-20　取值

变量名称	取值
路肩墙 _ 起点点代码	if（side = left，"LJQ_L1"，"LJQ_R1"）
路肩墙 _ 终点点代码	if（side = left，"LJQ_L2"，"LJQ_R2"）
路肩墙 _ 连接代码	"路肩墙"
标记点点名称	if（side = left，"左侧路肩墙终点"，"右侧路肩墙终点"）

4）目标参数及辅助点设置。目标参数是构件编写的重要设置参数，构件可以通过目标参数是否满足某些条件来做出相应的改变，是用户在 Civil 3D 中修改构件参数的主要手段之一，对于路肩墙，需要创建三个目标参数，分别用于指明路肩墙的绘制模式、指明是否存在路堤墙及其相对位置以及指明边坡剪切线的存在性和相对位置。

在目标参数栏创建三个目标参数（OffsetTarget），分别为偏移线 _ 路肩墙、偏移线 _ 路堤墙、偏移线 _ 剪坡线（图 6-109），类型均为 Offset，用户可以在 DisplayName 栏中填入偏移线的名称，该名称即为 Civil 3D 中看到的偏移线名称。创建完成后，可以在 Preview 视图中观察到 3 条偏移线的箭头，PreviewValue 值为偏移线距离原点的水平距离，之后再创建 3 个辅助点，使其与目标参数相关联，之后通过辅助点的坐标值间接获得偏移目标的值，将以上步骤在部件编辑器中实现，如图 6-109、图 6-110 所示，各个点的详细设置见表 6-21。

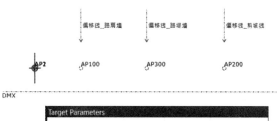

图 6-109　目标参数设置

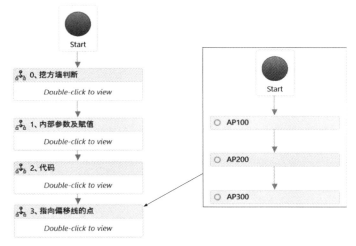

图 6-110　添加辅助点

表 6-21　辅助点的详细设置

对象名	属性	值
AP100	Point Number	AP100
	Type	Slope and Delta X
	From Point	Origin
	Delta X	−1
	Offset Target	偏移线 _ 路肩墙
AP200	Point Number	AP200
	Type	Slope and Delta X
	From Point	Origin
	Delta X	−1
	Offset Target	偏移线 _ 路堤墙
AP300	Point Number	AP300
	Type	Slope and Delta X
	From Point	Origin
	Delta X	−1
	Offset Target	偏移线 _ 边坡剪切线

设置完成后，可以手动拖移偏移线，若辅助点跟随偏移线移动，说明设置成功。

（4）目标参数判断　在前处理模块中设置了三个目标参数，分别控制路肩墙绘图模式、路堤墙绘图模式以及边坡剪切线的信息，本小节将介绍如何识别这些信息并进行数据传递。

与前处理模块类似，目标参数判断也分为三个子模块（图6-111），每个模块控制一个偏移线的识别。在已经创建的"前处理"模块下，再创建一个流程图，命名为"偏移线识别"，并在其中创建三个子流程图，分别命名为：路肩墙偏移线识别、路堤墙偏移线识别、边坡剪切线识别（图6-112）。

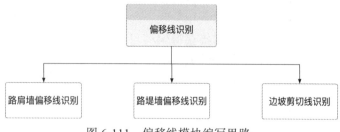

图6-111　偏移线模块编写思路

1）路肩墙偏移线识别。双击进入路肩墙偏移线子模块，该模块要完成对路肩墙偏移线是否存在、并且存在于规定范围内进行判断，逻辑流程如图6-113所示。

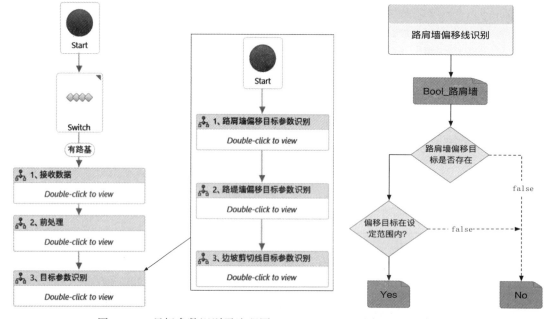

图6-112　目标参数识别子流程图　　　图6-113　路肩墙偏移线编写逻辑

将上述编写逻辑在部件编辑器中实现，如图6-114所示。

之后便可通过调用"Bool_路肩墙"来识别是否存在路肩墙的信息。

2）路堤墙偏移线识别。与路肩墙的逻辑流程类似，如图6-115所示。

不同的是，路肩墙的起点一般位于路面边缘，而路堤墙则是在填方放坡中进行设置，与路线中心线的距离不易确定，因此，进行目标参数是否在范围内的判断时，可以适当扩大范围，并采用路堤墙偏移线与路面边缘点之间的距离作为评判标准。

按上述逻辑，类比路肩墙偏移线识别模块，编写路堤墙的识别模块（图6-116），其中，判断语句修改为：

偏移线_路堤墙.isValid and（AP300.X−AP2.X）< 70 and（AP300.X−AP2.X）> = 0

其中70和0是用户可以改变的值，建议取大于0的值，否则可能会出现异常错误。

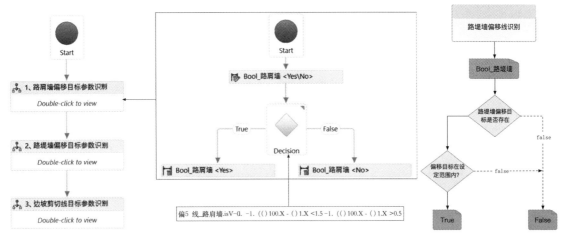

图 6-114　路肩墙偏移线目标参数识别流程

图 6-115　路堤墙
偏移线编写逻辑

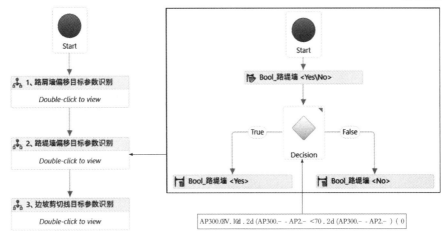

图 6-116　路堤墙偏移线目标参数识别流程

3）边坡剪切线识别。边坡剪切线的编写逻辑如图 6-117
所示。

需要注意的是，边坡剪切线与路肩墙偏移线是不能同时
存在的，而与路堤墙偏移线可以同时存在，因此，在识别到
边坡剪切线时，不仅要将"Bool_边坡剪切线"设置成 Yes，
还要将"Bool_路肩墙"设置成 No。

另外，边坡剪切线的存在与否，理论上而言，只需判断
边坡剪切线偏移线是否存在即可，但实际建模过程中，常出
现左侧路肩墙构件将右侧偏移线要素拾取的情况，解决办法
就是将偏移线的距离限制在一个大于零，小于某个整数的范
围内，如路堤墙偏移线的判断表达式。

在边坡剪切线 Decision 模块中填入判断语句：

偏移线 _ 边坡剪坡线 .isValid and （AP200.X−AP2.X）
<70 and （AP200.X−AP2.X）> = 0

其余部分按照上述逻辑可进行编写，如图 6-118 所示。

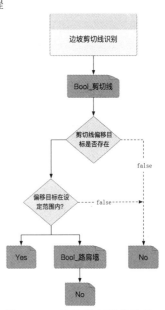

图 6-117　边坡剪切线偏移线
编写逻辑

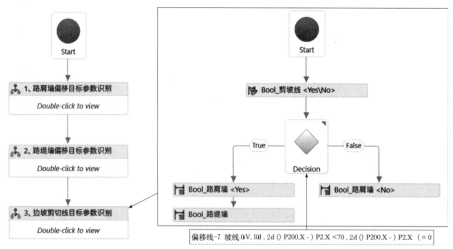

图 6-118　边坡剪切线目标参数识别流程

以上完成了三条偏移线的判断，并通过"Bool_路肩墙""Bool_路堤墙""Bool_边坡剪切线"三个变量存储判断结果，方便之后调用。

（5）路肩墙绘图　有了以上的准备，现在可以开始进行编写路肩墙构件的自身核心模块，该模块依据之前的变量取值进行路肩墙绘图。

路肩墙构件的绘图模式有两类：一类为存在路肩墙，结构点按正常尺寸设置，如图 6-119 所示；另一类为不存在路肩墙，结构点收缩至路肩墙起点（标记点），如图 6-120 所示。

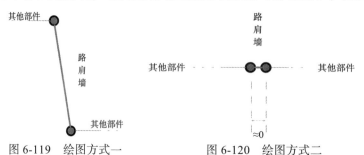

图 6-119　绘图方式一　　　　图 6-120　绘图方式二

区分两种绘图模式的依据为之前设置的两个内部变量——Bool_路肩墙、Bool_挖方墙，前者决定了设计者是否在当前段落设置路肩墙，后者决定当前段落是否能够合法地设置路肩墙，当两个条件均满足时，路肩构件以第一种方式绘图，否则以第二种方式绘图，逻辑流程如图 6-121 所示。

在构件编辑器的主流程图中添加流程图模块，命名为"4、路肩墙绘制"，双击进入，添加 Decision 判断模块，该 Decision 模块用于判断路肩墙的绘图方式，在表达式一栏填入：

Bool_路肩墙 = Yes and Bool_挖方墙 = No

之后再在其下添加两个 Sequence 子模块用于两种绘图方式编写。Sequence 模块常用于制作无选择分支的流程任务，如图 6-122 所示。

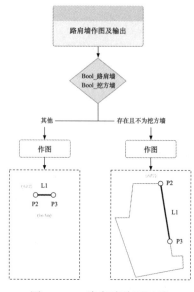

图 6-121　路肩墙绘图过程

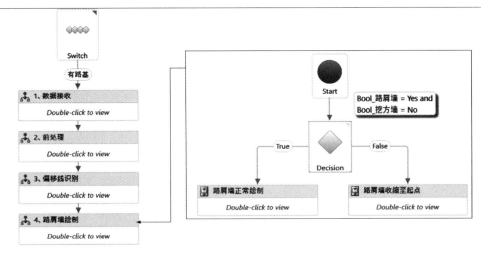

图 6-122　路肩墙绘制子模块

1）路肩墙绘图模式一。双击"路肩墙正常绘制"Sequence 子模块，添加两个点（Point）和一条连接（Link），如图 6-123 所示。

接着对点和连接的相关属性进行设置，见表 6-22，设置完成后，将目标参数中的"偏移线_路肩墙"勾选，并将"偏移线_路肩墙"的偏移值设置为 1，构件 Side 属性设置为 Right，将 DMX 高程设置为负值，就能在预览窗口观察到路肩墙墙面生成。

2）路肩墙绘图模式二。双击"路肩墙收缩至起点"Sequence 子模块，添加两个点（Point）和一条连接（Link），如图 6-124 所示。

图 6-123　路肩墙绘图模式一

表 6-22　模式一参数设置

对象名	属性	值
P2	Point Number	P2
	Point Codes	路肩墙_起点点代码
	Type	Delta X and Delta Y
	From Point	AP2
P3	Point Number	P3
	Point Codes	路肩墙_终点点代码
	Type	Slope to Surface
	From Point	AP2
	Slop	-1/墙面坡度
	Surface Target	DMX
L1	Link Number	L1
	Link Codes	路肩墙_连接代码，"路基曲面"
	From Point	P2
	End Point	P3

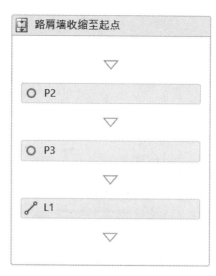

图 6-124　路肩墙绘图模式二

并对点和连接的相关属性进行设置，见表 6-23，设置完成后，将目标参数中的"偏移线_路肩墙"取消勾选，会发现此时预览窗口的路肩墙墙面消失，只留下重叠在一起的结构点。

表 6-23　模式二参数设置

对象名	属性	值
P2	Point Number	P2
	Point Codes	路肩墙_起点点代码
	Type	Delta X and Delta Y
	From Point	AP2
P3	Point Number	P3
	Point Codes	路肩墙_终点点代码
	Type	Delta X and Delta Y
	From Point	AP2
	Delta X	1E-5
L1	Link Number	L1
	Link Codes	路肩墙_连接代码，"路基曲面"
	From Point	P2
	End Point	P3

（6）数据输出　上面的步骤完成了路肩墙构件的主体内容，构件实现了可根据是否有目标参数以及是否存在挖方墙情况综合判断自动生成挡墙结构物，完成这部分流程后，路肩墙构件应当将某些信息输出给之后的构件，包括路肩墙存在性、路堤墙存在性、边坡剪切线存在性以及填方边坡构件标记点。

在路肩墙主流程图中新建一个流程图模块，命名为"5、数据输出"，并在其中创建 3 个子流程图，分别为："路肩墙数据输出""路堤墙数据输出""边坡剪切线数据输出"，如图 6-125 所示。

1）路肩墙数据输出。路肩墙数据输出逻辑图如图 6-126 所示。

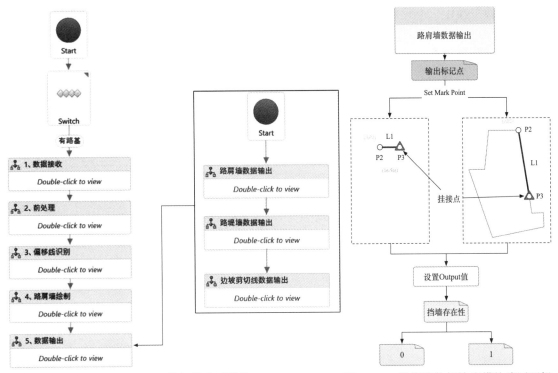

图 6-125　数据输出子模块　　　　　图 6-126　路肩墙数据输出模块编写逻辑

双击"路肩墙数据输出"子流程图，在工具箱中拖动创建一个"Set Mark Point"，并按表 6-24 设置其属性。

表 6-24　设置属性（一）

对象	属性	值
标记点（Set Mark Point）	Point Name	P3
	Mark Name	标记点点名称

在输入/输出参数栏，创建名为"挡墙存在性"的 Output 变量，并在流程图中创建一个"Set Output Parameter"模块，对"挡墙存在性"进行赋值，如图 6-127 所示。

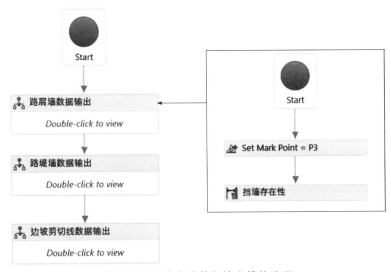

图 6-127　路肩墙数据输出模块流程

通过以上操作，不论路肩墙是何种绘图模式，都会将路肩墙的终点输出为后续构件可以获取的标记点，同时通过挡墙存在性的值来输出路肩墙是否绘出，这里使用了一个数值型的数据表达挡墙存在性，0 代表不存在挡墙，对应路肩墙绘图模式二，1 代表存在路肩墙，2 代表路堤墙，稍后会使用。

2）路堤墙数据输出。路堤墙数据输出逻辑图如图 6-128 所示，路堤墙存在时，要将挡墙存在性设置为 2，并且输出路堤墙距离路面边缘点的距离值，这样填方边坡才能确定在何处停止放坡，转而承接路堤墙。

双击"路肩墙数据输出"子流程图，在工具箱中拖动创建一个"Decision"模块，以"Bool_路堤墙"作为判断表达式，之后再创建一个标记点。并按表 6-25 设置其属性。

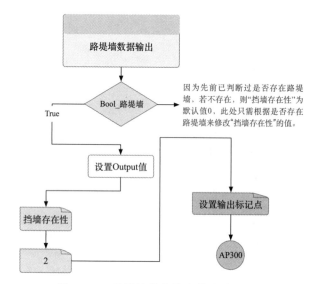

图 6-128　路堤墙数据输出模块编写逻辑

表 6-25　设置属性（二）

对象	属性	值
标记点（Set Mark Point）	Point Name	AP300
	Mark Name	if（side = left，"左侧路堤墙起点"，"右侧路堤墙起点"）

在流程图中创建一个"Set Output Parameter"模块，对"挡墙存在性"进行赋值，如图 6-129 所示。

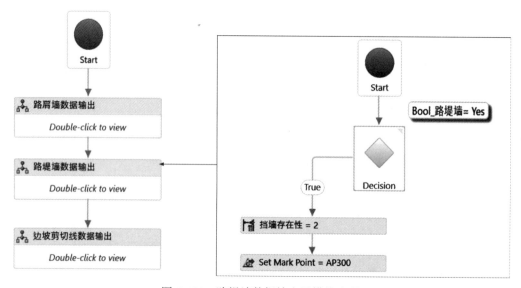

图 6-129　路堤墙数据输出子模块流程

将"偏移线_路堤墙"调整至设定的范围内，在预览窗口中观察到 AP300 点变成红色三角形，说明该点在当前逻辑分支下已经作为标记点输出，设置成功。

3）边坡剪切线数据输出。边坡剪切线数据输出逻辑图如图 6-130 所示，在输入／输出参数中创建"剪切线存在性"和"剪切线距离"两个 Output 参数，类型为 Double，剪切线存在时，将其设置为 1，并且输出边坡剪切线距离路面边缘点的距离值，这样边坡构件才能确定在何处停止放坡。

双击"边坡剪切线数据输出"子流程图，在工具箱中拖动创建一个"Decision"模块，以"Bool_边坡剪切线"作为判断表达式，之后再创建一个标记点。并按表 6-26 设置其属性。

在流程图中创建两个"Set Output Parameter"模块，对"边坡剪切线存在性"和"边坡剪切线距离"进行赋值，如图 6-131 所示。

将"偏移线_边坡剪切线"勾选框勾选，在预览窗口中观察到 AP200 点变成红色三角形，说明该点在当前逻辑分支下已经作为标记点输出，设置成功。

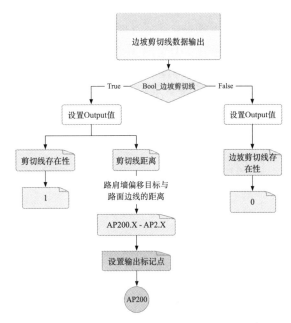

图 6-130 边坡剪切线数据输出模块编写逻辑

表 6-26 设置属性（三）

对象	属性	值
标记点（Set Mark Point）	Point Name	AP200
	Mark Name	"剪切线点"

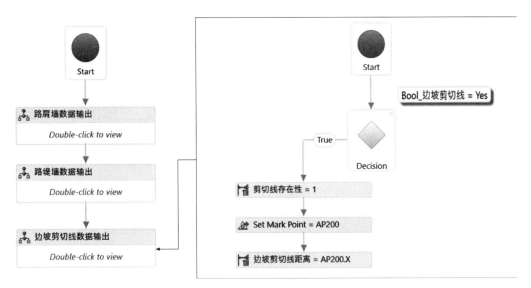

图 6-131 边坡剪切线数据输出子模块流程

（7）附加功能 之前的六个步骤完成了路肩墙构件的主要功能，实现了路肩墙接收前置构件参数、自身运行以及向后置构件输出参数的功能，除此之外，还可以为构件增加一些附加功能，例如当路肩墙为挖方墙时，可以在 Civil 3D 模型生成时向外输出报告，设计者可以在设计过程中发现这些缺陷，又如当路肩墙过高，同样可以向外输出报告，输出报告需要使用 🔗 Report Message 模块，但由于构件编辑器的限制，该模块的功能较为单一，只能输出预先设定好的字符串，不能输出变量值，因此在使用中功能有限，在本小节仅介绍一些简单用法，深入用法读者可以查找相关构件二次开发的教材学习。

1）定义枚举变量组。枚举变量组是读者自己定义的一种变量类型，读者定义变量名、变量类型以及该类型中具有哪些值，在引用变量值的时候，要使用如下语法：

变量名 .Value

构件编辑器中，在"视图"选项找到"定义枚举变量组"，创建一个变量类型，为"挡墙核查开关"，变量允许的值为"开""关"，并将"显示名称"设定为"挡墙核查—开""挡墙核查—关"，如图 6-132 所示。

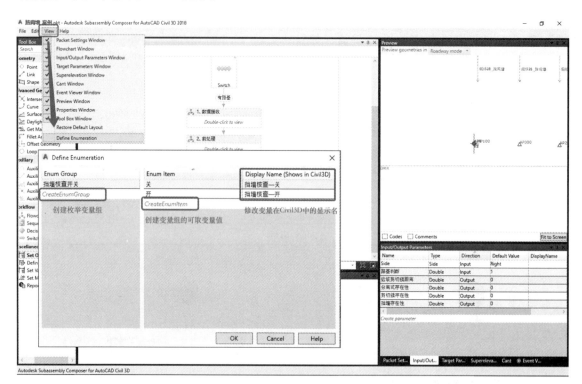

图 6-132　定义枚举变量组（一）

之后在主流程图中添加一个"Decision"模块，并在"输入 / 输出参数"中创建名为"挡墙核查"的变量，变量类型为"挡墙核查开关"，该模块的判断条件即是为刚才定义的开关，当开关打开时，进入核查模块，否则不进入核查模块（图 6-133）。

2）挖方墙核查功能。双击进入"6、核查功能"，创建一个枚举变量组，名称为"挖方墙核查开关"。再创建一个子流程图，命名为"挖方墙核查"，并通过"Decsion"模块连接（图 6-134）。

双击进入"挖方墙核查"子流程图，按照图 6-135 的逻辑编写，即可完成挖方墙路段核查功能（图 6-136），实际运用中，出现在挖方路段设置路肩墙的情况，程序会自动提醒。

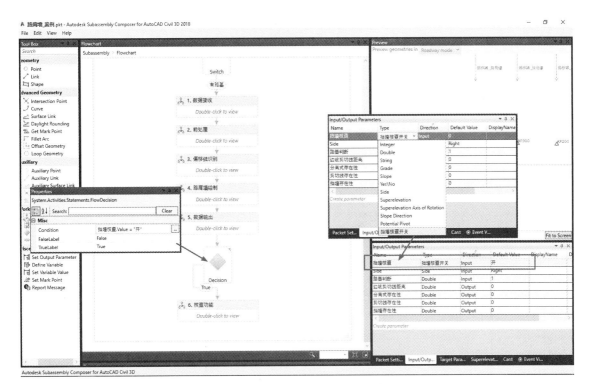

图 6-133　通过枚举变量决策分支

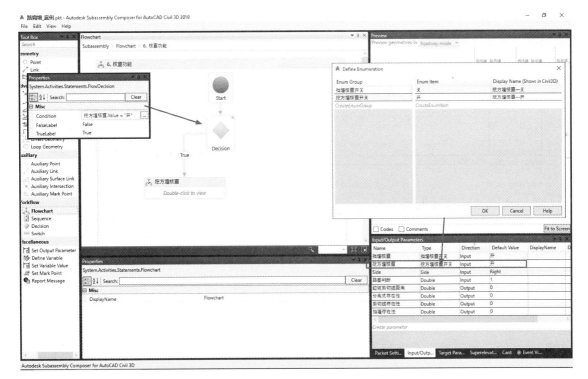

图 6-134　添加挖方墙核查模块

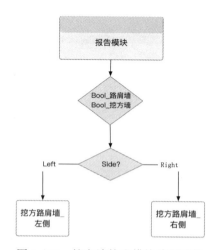

图 6-135 挖方墙核查模块编写逻辑

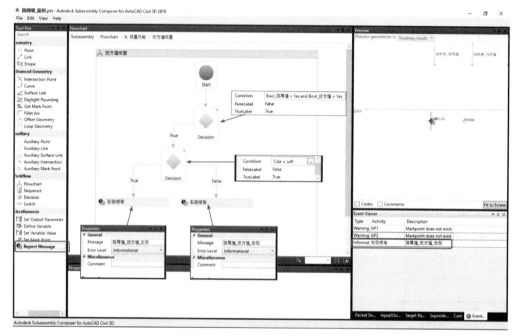

图 6-136 挖方墙核查子模块流程

移动地面线,当地面线高程大于路肩墙起点时,在"Event Viewer"窗口栏会显示填写在"Report Message"内的信息。

3)挡墙过高核查功能。与2)类似,改变判断条件为墙面的高度,当墙面高度超过某一固定值后,就让系统抛出信息,逻辑如图6-137所示,其中12m是预定值,读者可根据需要在实际建模中修改这个值,墙面高度超过12m的段落会自动报告。

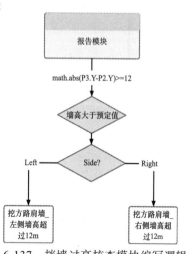

图 6-137 挡墙过高核查模块编写逻辑

6.6 边坡构件——填方

　　填方作为挂接式装配中的第五个构件，能够挂接在路肩墙构件终点的挂接点，接收前序构件传递的参数判断否有填方边坡，实现建模过程中对填方边坡的创建，同时还能实时调整边坡终点、填方平台宽度、填方边坡坡度和填方边坡高度，如在填方路段设置了路堤墙，还可传递路堤墙类型给路堤墙构件。本小节将介绍填方构件的编写思路，以及如何在部件编辑器中编写具有能与前述构件挂接的填方边坡构件。

6.6.1　构件参考图纸

　　构件参考图纸如图 6-138~图 6-141 所示。

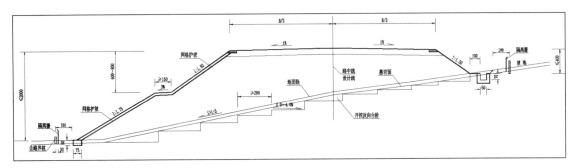

图 6-138　一般路基填方示意图（开挖反向台阶）

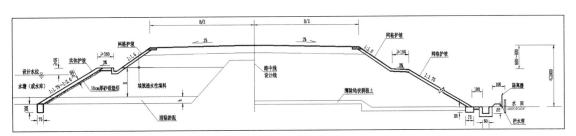

图 6-139　一般路基填方示意图（清除淤泥及地表耕挖土）

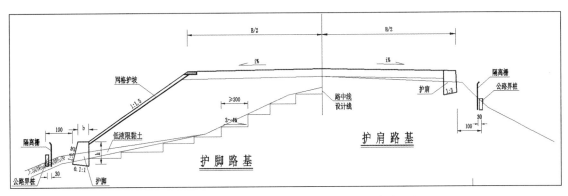

图 6-140　一般路基填方示意图（护肩、护脚路基）

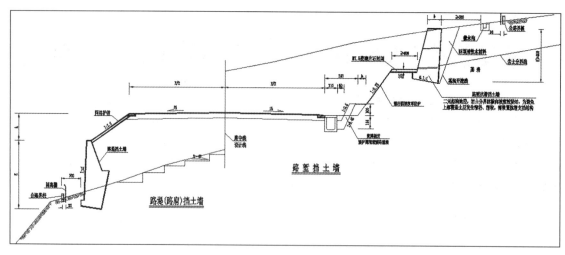

图 6-141　一般路基填方示意图（路肩、路堤挡土墙）

6.6.2　构件定制内容及思路

（1）构件内容　结合 BIM 特性及构件的使用性质，构件输出点线为正投影填方结构，即包含填方平台、填方边坡的点线结构设置。

（2）构件思路　本构件通过计算所有需要改变坡度、尺寸的线段，统计出至少需要的结构点数量，随后根据实际项目情况需要，按照相关规范及项目参数进行点线相对坐标的规则变化，实现针对项目的构件输出与表达。具体布设填方平台起点（P1）、填方起点（P2）、填方终点（P3）三个结构点，如图 6-142 所示。

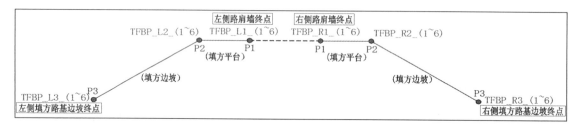

图 6-142　填方边坡结构点线设置情况

注：1. 实心点为结构点（Point）。

　　2. 实心点上的文字为点代码名称（Point Codes）。

　　3. 实线段为连接线（Link）。

　　4. 括号内文字为线代码名称（Link Codes）。

　　5. 方框所代表的点为输出点（Set Mark Point）。

每一级边坡包含填方平台起点（P1）、填方起点（P2）和填方终点（P3）三个结构点，以及填方平台、填方边坡两条连接线，即"两线三点"的点线结构。

构件的总体思路是，将每一级边坡的三个辅助点与地面线、剪切线、路堤墙等影响因素的关系进行逻辑判断，待确定边坡中三个辅助点的具体位置后，"三点"间形成"两线"，并将本级边坡的终点通过"设置标记点"的方式传到下一级边坡。由于采用多构件组合的方式，填方边坡构件编写一级即可，其余各级边坡采用挂接形式循环，这样可以做到理论无限边坡延伸，根据经验总结，填方边坡设置六级时便能满足实际工程需求，所以本书中讲述六级边坡构件的编制。除第一级边坡的挂接点为"左/右侧路肩墙终点"外，其后每一级边坡的起点都挂接在上一级边坡的终点上。

6.6.3　填方构件组成情况

根据部件编辑器特性及边坡实际项目情况特点，在编写构件时，首先对构件判断是否存在填方边坡，若为桥梁、隧道、路肩墙等，则三点将以极小值汇成一点。当存在填方边坡时，填方边坡由6级边坡中18点及12线组成。由于边坡左、右侧情况相似，以及填方坡度线、高度线、平台宽度线仅为控制参数改变，书中以右侧边坡无参数改变的情况进行讲述填方构件组成情况，组成情况主要有无放坡、直接放坡、存在路肩墙、存在路堤墙、无挡墙有边坡剪切线、同时存在路堤墙与边坡剪切线等六种情况。

（1）边坡直接结束，无放坡　当地面线和路面边界无限接近或者为挖方路段的时候，填方边坡的三个结构点汇聚至路肩墙终点（图6-143）。

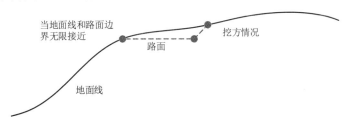

图6-143　填方无放坡

（2）直接放坡　挡墙不存在也没有边坡剪切线，直接放坡至地面线（图6-144）。

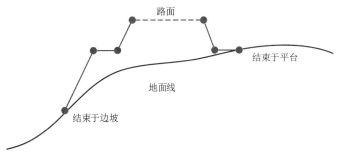

图6-144　填方直接放坡

（3）存在路肩墙　存在路肩墙的情况，与边坡直接结束类似，三个结构点汇聚至路肩墙终点，此时边坡剪切线失效（图6-145）。

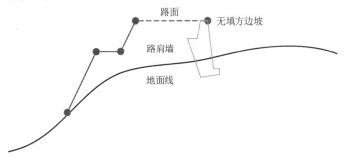

图6-145　存在路肩墙无填方边坡

（4）存在路堤墙　存在路堤墙与直接放坡类似，仅引入路堤墙位置作为控制因素结束，此时的结束于地面线变更为结束于路堤墙位置（图6-146）。

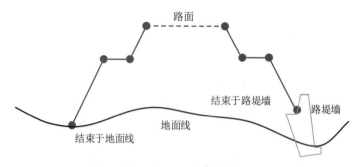

图 6-146　存在路堤墙

（5）无挡墙有边坡剪切线　不存在挡墙，但是有边坡剪切线时，边坡结束于剪切线或者地面线（图6-147）。

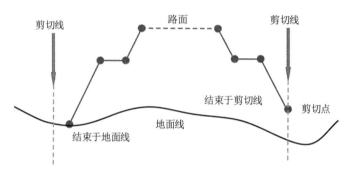

图 6-147　挡墙不存在有剪切线

（6）同时存在路堤墙与边坡剪切线　这种情况流程与情况（5）完全相同，同时存在边坡剪切线和路堤墙时，路堤墙失效，结束于边坡剪切线或者地面线（路堤墙）（图6-148）。

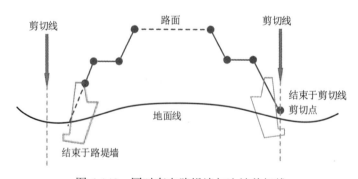

图 6-148　同时存在路堤墙与边坡剪切线

6.6.4　构件参数设置、内部变量逻辑关系

（1）点参数接收（Get Mark Point）　设置获取标记点，能使构件接收其他构件传出的标记点，对于本书介绍的挂接式构件，通过设置输出标记点、获取标记点的组合形式，能够使构件之间通过标记点的形式结合在一起，实现"挂接"的效果，对于填方构件，需要

获取的标记点见表 6-27。

表 6-27　点参数接收一览表

标记点类型	标记点名称	标记点序号	源构件
Auxiliary Mark Point	if（side=left，"左侧路肩墙终点"，"右侧路肩墙终点"）	AP1	路肩墙构件
Auxiliary Mark Point	if（side=left，"1~5 级填方终点 -L"，"1~5 级填方终点 -R"）	AP1	填方边坡构件

（2）构件参数设置（Input）　构件输入参数（Input Parameter）可分为控制型输入参数和传递型输入参数两类，前者由使用者输入数值来对参数进行赋值，后者通过指定其接收其他构件输出的参数值来进行赋值。在上一小节介绍的填方边坡编写原则前提下，编写填方边坡构件所需的控制型输入参数见表 6-28，传递型输入参数见表 6-29。

表 6-28　控制型输入参数设置一览表

序号	构件名称	参数名称	默认数值	参数类型	备注
1	填方边坡	Side	Right	Side	
2	填方边坡	XX	1E-05	Double	
3	填方边坡	填方坡度	1.5:1	Slope	
4	填方边坡	填方高度	8	Double	
5	填方边坡	填方平台宽度	1	Double	
6	填方边坡	填方级数	2	Integer	
7	填方边坡	挡墙存在性	0	Double	
8	填方边坡	分离式存在性	1	Double	

表 6-29　传递型输入参数设置一览表

参数名称	参数类型	参数方向	参数默认值	源构件
路基存在性	Double	Input	0	路面构件
挡墙存在性	Double	Input	0	路肩墙构件
路堤墙距离	Double	Input	0	路肩墙构件
剪切线存在性	Double	Input	0	路肩墙构件
分离式存在性	Double	Input	1	路面构件
边坡是否继续	Double	Input	1	上级填方边坡构件

边坡是否继续：判断填方边坡是否继续放坡，当其取值为 1 时，继续进行放坡，当取值为 0 时，结束放坡，默认取值为 1。

填方坡度：边坡的宽度与高度的比值，默认取值为 1.5:1。

填方高度：当前填方边坡填方高度，默认值为 8。

填方平台宽度：当前填方边坡平台的宽度，默认值为 1。

填方级数：本级填方在整个装配中的级数，其值为 1~6。

剪切线存在性：通过引用参照路肩墙构件中剪切线存在性来判断是否存在剪切线，当其值为 0 时，不存在剪切线，当其取值为 1，存在剪切线。

路堤墙距离：通过引用参照路肩墙构件中路堤墙距离路面的距离，判断是否有路堤墙及路堤墙的位置。

XX：在填方构件设计过程中，需要用到的极小值判断，其值为 1E-05。

（3）构件参数的设置与修改　构件参数的设置及修改有两种方式，一种是通过部件编

辑器中对 *.pkt 文件的内置参数进行修改，一种是在 Civil 3D 加载装配后，在装配编辑的特性中对上述参数进行修改。详见高速公路主线路面相应章节。

（4）构件内部变量逻辑关系（Define Variable） 由于点代码、连接代码的赋值一般都与路幅方向相关，如填方构件挂接在右侧路肩墙构件之上，那么填方构件的起点、终点的点代码都要加上右幅的方向信息，为了避免重复编写赋值语句，可以将点代码、连接代码的值用内部变量代替，在赋值之前，对变量进行一次运算，使其符合当前情况的值，最终达到动态适应的效果。

具体内部变量内容及类型等相关参数详见表 6-30。

表 6-30 内部参数设置一览表

变量名称	变量类型	变量初始值	变量内容	变量改变方式
起始点名称 R	String	无	右侧路肩墙终点、1~5 级填方终点 -R	随填方级数改变而改变
起始点名称 L	String	无	左侧路肩墙终点、1~5 级填方终点 -L	
P1<String>	String	无	TFBP_R（1~6）_1、TFBP_L（1~6）_1	随填方级数、左右侧改变而改变
P2<String>	String	无	TFBP_R（1~6）_2、TFBP_L（1~6）_2	
P3<String>	String	无	TFBP_R（1~6）_3、TFBP_L（1~6）_3	

6.6.5 构件目标设置情况及功能

（1）本构件目标设置情况 根据 6.6.3 节填方构件组成情况分析，结合部件编辑器自身特点，本构件共拟定了 Elevation 高程目标 3 个，同时本构件接收路肩墙构件传输 Offset 偏移目标 2 个。具体信息及设置如图 6-149、图 6-150 所示。

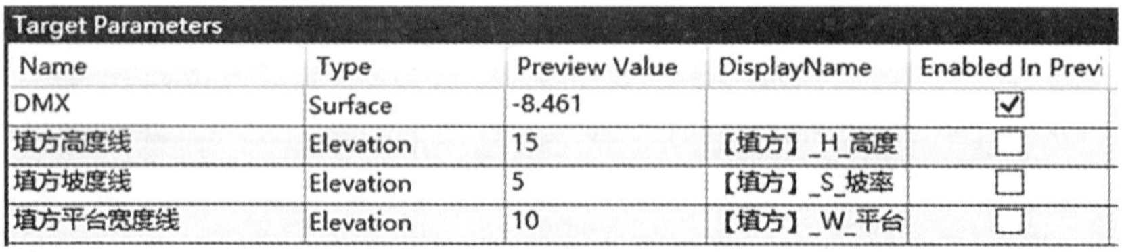
Target Parameters

Name	Type	Preview Value	DisplayName	Enabled In Previ
DMX	Surface	-8.461		☑
填方高度线	Elevation	15	【填方】_H_高度	☐
填方坡度线	Elevation	5	【填方】_S_坡率	☐
填方平台宽度线	Elevation	10	【填方】_W_平台	☐

图 6-149 本构件偏移目标设置 \ 查看工具栏

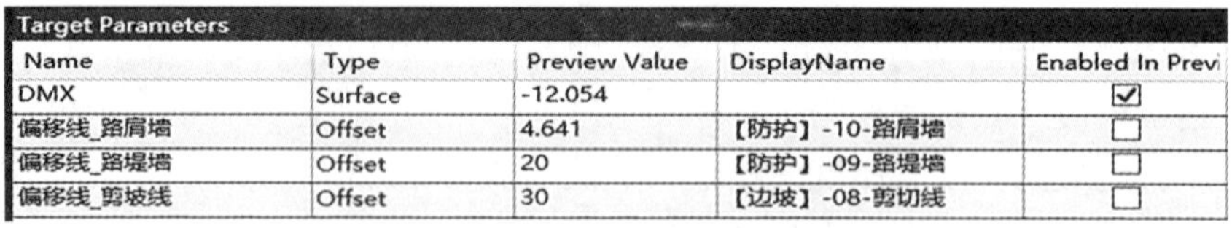
Target Parameters

Name	Type	Preview Value	DisplayName	Enabled In Previ
DMX	Surface	-12.054		☑
偏移线_路肩墙	Offset	4.641	【防护】-10-路肩墙	☐
偏移线_路堤墙	Offset	20	【防护】-09-路堤墙	☐
偏移线_剪坡线	Offset	30	【边坡】-08-剪切线	☐

图 6-150 路肩墙构件传输偏移目标设置 \ 查看工具栏

（2）目标功能 填方高度线、填方坡度线、填方平台宽度线三个高程目标既可以单独生效，又可以同时生效或者组合生效，边坡的结束形式详见 6.6.3 章节枚举的情况，接收路肩墙构件传输的“【防护】-09- 路堤墙”“【边坡】-08- 剪切线”两个 Offset 偏移目标也是用于填方边坡结束，于是给读者介绍分述四种情况：填方高度线、填方坡度线、填方平台宽度线、五个目标同时存在，读者可根据这五个目标排列组合，探索不同的情况。

1）填方高度线：其逻辑目标为高程目标，当输入参数边坡高度和高度控制线均存在时，填方高度 = 高度控制线的 Z 值，如图 6-151 所示。

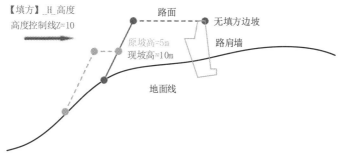

图 6-151 填方高度线高程目标设置

2）填方坡度线：其逻辑目标为高程目标，当输入参数填方坡度和坡度控制线均存在时，其控制条件为坡度控制线的 Z 值，填方坡度 =1：坡度控制线的 Z 值，如图 6-152 所示。

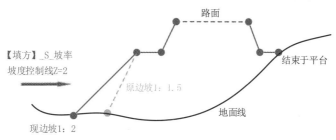

图 6-152 填方坡度线高程目标设置

3）填方平台宽度线：其逻辑目标为高程目标，当输入参数填方平台宽度和填方平台宽度控制线均存在时，按照填方平台宽度控制线的 Z 值进行控制，填方平台宽度 = 坡度控制线的 Z 值，如图 6-153 所示。

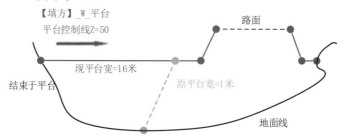

图 6-153 填方平台宽度线高程目标设置

4）存在路堤墙、边坡剪切线、填方坡度控制线：如图 6-154 所示同时存在高程目标与偏移目标时，边坡变化情况优先级为，首先根据高程目标改变坡度、高度、平台宽度等参数进行放坡，遇到边坡剪切线时，先剪切线后路堤墙、地面线，则结束于边坡剪切线，若先路堤墙、地面线，后遇边坡剪切线，则结束于路堤墙或者地面线。

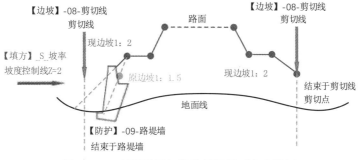

图 6-154 高程目标与偏移目标同时存在设置

6.6.6 构件的参数输出

在编制公路工程 BIM 标准构件时，结合高速公路特性及部件编辑器自身特性，不同种类构件挂接时需要用到各种参数及结构点的传递，减少独立构件的编制工作量。构件的参数传递在 Input/Output Parameters 工具栏中的 Direction 中对 Output 参数进行设置；构件结构点的传递应使用 Set Mark Point 工具进行设置。

（1）参数传递（Output）　在本构件中，需向后续构件传递的参数仅有路堤墙类型，即在哪种情况下，后续的路堤墙采用什么样的形式，分为两种情况，具体参数数值及对应情况详见表 6-31。

表 6-31　构件参数传递信息表

参数名称	参数类型	参数内容	参数说明	情况示意	备注
路堤墙类型	Double	1	填土高度为 4m	—	
	Double	2	填土高度为 8m	—	

（2）结构点传递（Set Mark Point）　在本构件中，除了需要传递各级边坡之间的挂接点外，还需要向防护构件、边沟构件传递填方路基平台终点、填方路基边坡终点，均采用 Set Mark Point 的形式传递。参考本构件 .pkt 文件，具体传递的结构点信息见表 6-32。

表 6-32　Set Mark Point 信息一览表

序号	Point Name	Mark Name	传递的构件
1	P2	填方路基平台终点	防护构件
2	P3	填方路基边坡终点	排水构件

6.6.7 构件代码组成

（1）点代码设置（Point Codes）　本构件用于显示输出的结构点（Point），共计 18 个，固定点代码设置规则为"TFBP_L\R 边坡级数 _ 点编号"，分别为 TFBP_L1_1、TFBP_L1_2、TFBP_L1_3……TFBP_L6_1、TFBP_L6_2、TFBP_L6_3 和 TFBP_R1_1、TFBP_R1_2、TFBP_R1_3……TFBP_R6_1、TFBP_R6_2、TFBP_R6_3。

（2）线代码设置（Link Codes）　本构件用于显示输出的连接线（Link），共计 2 条，线代码为填方边坡、填方平台，输出的线代码均共用代码"路基曲面"。

填方构件代码组成如图 6-155 所示。

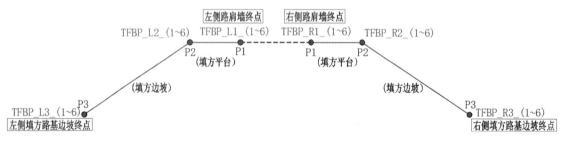

图 6-155　填方构件代码组成示意图

6.6.8 构件编写过程

（1）设置参数及偏移目标　根据 6.6.4、6.6.5、6.6.6 节，明确构件实际需求，在开始编写构件之前，先对构件所必需的参数及偏移目标进行设置，如图 6-156、图 6-157 所示。

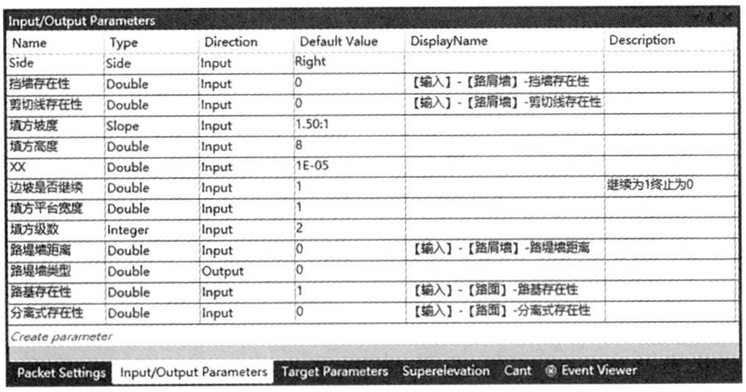

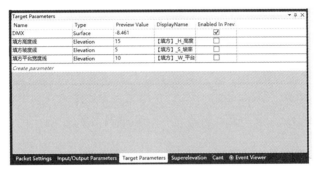

Input/Output Parameters

Name	Type	Direction	Default Value	DisplayName	Description
Side	Side	Input	Right		
挡墙存在性	Double	Input	0	【输入】-【路肩墙】-挡墙存在性	
剪切线存在性	Double	Input	0	【输入】-【路肩墙】-剪切线存在性	
填方坡度	Slope	Input	1.50:1		
填方高度	Double	Input	8		
XX	Double	Input	1E-05		
边坡是否继续	Double	Input	1		继续为1终止为0
填方平台宽度	Double	Input	1		
填方级数	Integer	Input	2		
路堤墙距离	Double	Input	0	【输入】-【路肩墙】-路堤墙距离	
路堤墙类型	Double	Output	0		
路基存在性	Double	Input	1	【输入】-【路面】-路基存在性	
分离式存在性	Double	Input	0	【输入】-【路面】-分离式存在性	

Create parameter

Packet Settings　Input/Output Parameters　Target Parameters　Superelevation　Cant　Event Viewer

图 6-156　设置输入输出参数

Target Parameters

Name	Type	Preview Value	DisplayName	Enabled In Prev
DMX	Surface	-8.461		☑
填方高度线	Elevation	15	【填方】_H_高度	☐
填方坡度线	Elevation	5	【填方】_S_坡率	☐
填方平台宽度线	Elevation	10	【填方】_W_平台	☐

Create parameter

Packet Settings　Input/Output Parameters　Target Parameters　Superelevation　Cant　Event Viewer

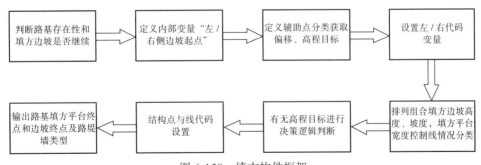

图 6-157　设置对应高程目标

（2）定制构件框架　填方边坡构件制订思路主要来源于“画法几何”与横断面“戴帽子”，路基横断面主要是由点与线连接而成，由此分析横断面形式，横断面中填方边坡可分为填方平台、填方边坡两条线，两条线由三个点组成。

本构件主要是路基判断、起始点名称变量、输入点定义、代码变量、辅助点设置、偏移目标情况分类、逻辑判断、结构代码点定义、输出点、输出值。

填方构件框架如图 6-158 所示。

图 6-158　填方构件框架

（3）具体构件定制过程

1）判断路基是否存在（图 6-159）。挂接式装配是由独立编写的构件通过标记点自动挂接而成，其原理在于：将所有可能出现的工程情况纳入考虑，挂接所有可能出现的工程结构物，当实际使用过程中出现该结构物时，对应构件正常工作，绘制出相应的结构物。若实际不存在该结构物，则对应构件的点收缩至挂接起点，点与点之间的距离转变为近似于零，从外观上等同于没有出现该结构物，详细原理在先前章节已有叙述。

填方构件需要接受来自路面构件传递的"路基存在性"参数，通过这个参数确定是否当前段落存在路基，不存在路基的情况下任何点都不需要绘制。在部件编辑器中，使用Switch模块实现这个功能。

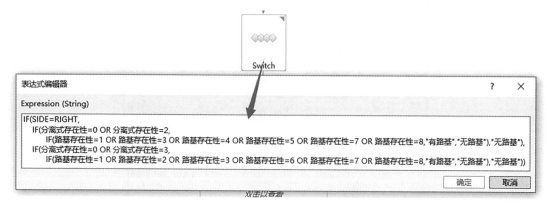

图 6-159 判断路基是否存在

2）对起始点名称设置内部变量（图 6-160）。起始点详细地将各级起始点名称进行定义，使用填方级数参数，不同的填方级数对应不同的起点名称，变量区分左右侧，第一级起点名称与路肩墙构件最后一个点名称统一，点名称相同才能挂接传递信息。

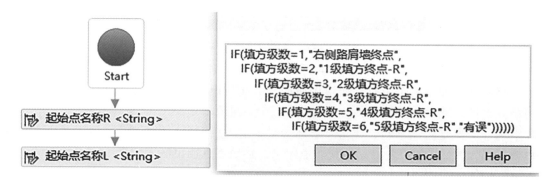

图 6-160 起始点名称变量示意图

3）定义辅助点分类获取偏移、高程目标（图 6-161、表 6-33）。输入点的编辑是为了接收上一个构件传递的信息，本构件首先定义了辅助点 AP901 点，该点用于虚拟填方构件起点、进行判断。

起点定义之后，填方边坡可能存在路堤墙，还有可能存在不合理的地方，需要强制终止边坡，自行引入了边坡剪切线功能，于是起点之后紧跟多重判断（Switch），主要判断四种情况：既有路堤墙又有剪切线、仅有剪切线、仅有路堤墙、不存在路堤墙和剪切线。本构件的思维剪切线级别最高，路堤墙次之，边坡级别最低，依照这个思路分别进行 AP902 点（路堤墙起点）、AP903 点（剪切线点）的定义是否存在。

填方边坡三个点两条线具有三个参数，填方高度、填方坡度、填方平台宽度，于是四种情况均应该在此处引入三个辅助点用于修改这三个参数，于是在此处首先定义了三个点AP904（填方高度线点）、AP905（填方坡度线点）、AP906（填方平台宽度线点），便于后续逻辑判断使用，这三个点不需要区分顺序。

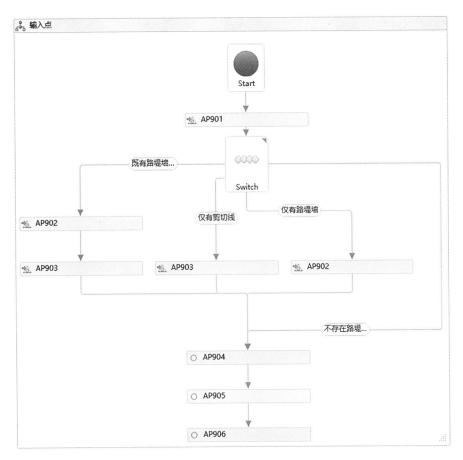

图 6-161　输入点定义示意图

表 6-33　辅助点定义与用途

点名称	来源	用途
AP901	路肩墙构件、上一级填方边坡构件	构件挂接，详见 6.2.3 节
AP902	路肩墙构件输出的路堤墙位置	用于确定路堤墙位置
AP903	路肩墙构件输出的剪切线位置	用于确定剪切线位置
AP904	填方边坡构件	填方边坡高度控制
AP905	填方边坡构件	填方边坡坡度控制
AP906	填方边坡构件	填方边坡平台宽度控制

4）结构点代码变量定义（图 6-162、表 6-34）。构件的结构点与连接在 Civil 3D 中均存在唯一性，要针对性赋值或者属性，于是就要对代码进行定义，本构件是通过一级的编写实现多级边坡，通过填方级数参数控制，不同级数的填方的代码应该不一样，在这里对代码进行一个变量设置，定义了 P1（起点）、P2（平台点）、P3（边坡终点）的代码变量。

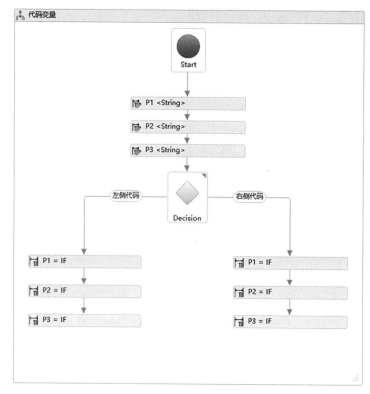

图 6-162　代码变量设置示意图

表 6-34　点代码变量设置

变量名称	取值
P1 点点代码	if（side = left，"TFBP_L1_1~6"，"TFBP_R1_1~6"）
P2 点点代码	if（side = left，"TFBP_L2_1~6"，"TFBP_R2_1~6"）
P3 点点代码	if（side = left，"TFBP_L3_1~6"，"TFBP_R3_1~6"）

5）逻辑判断辅助点定义。前面定义了一些点用于变量、代码等，现在定义辅助点用于逻辑判断，例如 AP101（与 AP901 重合），这时候在和 AP102（平台点）连接之前做一个判断是否含有填方平台宽度线，功能中对这条线只有这一个控制因素，所以在这个地方做一个简单的判断，根据存不存在平台宽度控制线从两个路径判断平台点和平台宽度，如图 6-163 所示。

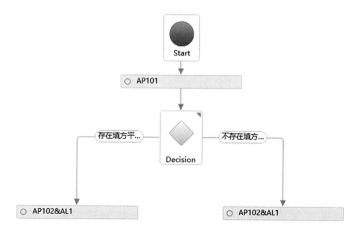

图 6-163　高程目标定义

填方平台宽度判断之后，对于填方坡度影响因素有两个：填方高度线、填方坡度线，对这两个因素的判断存在四种情况：仅存在填方高度线、仅存在填方坡度线、填方高度线坡度线均存在、不存在边坡控制线。需要对四种情况进行不同的判断而生成 AP103（边坡结束点）、AL2（边坡）。

对于存在边坡控制线的三种情况使用一个逻辑判断，无边坡控制线的情况使用一个逻辑判断，如图 6-164 所示。

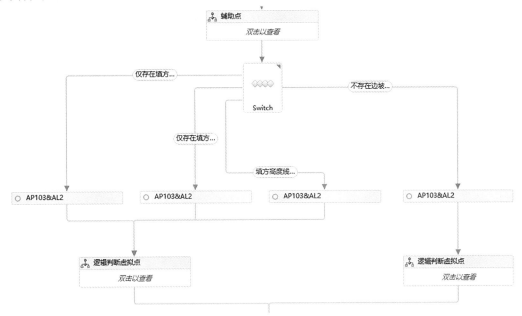

图 6-164　填方边坡控制线定义与判断

6）无边坡控制线逻辑判断（图 6-165、图 6-166）。逻辑判断是本构件最为核心的部分，需要考虑到填方平台、填方边坡与地面线和赋予它的剪切线、控制线等功能的各种关系，以右侧边坡为例，可以得到以下几种情况：

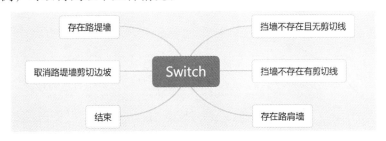

图 6-165　不存在边坡控制线的逻辑判断

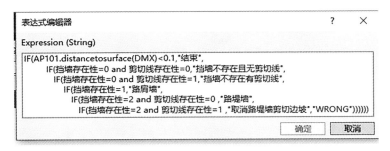

图 6-166　Switch 多重判断

①边坡直接结束，无放坡。辅助点 AP101 点至曲面目标（DMX）距离小于 0.1 或者为"路基存在性"桥梁、隧道情况时，则三个判断辅助点以最小值汇聚。

路基分别存在以下四种情况：

a. 当地面线和路面边界无限接近（图 6-167）；b. 挖方路段（图 6-168）；c. 桥梁路段（图 6-169）；d. 隧道路段（图 6-170）。

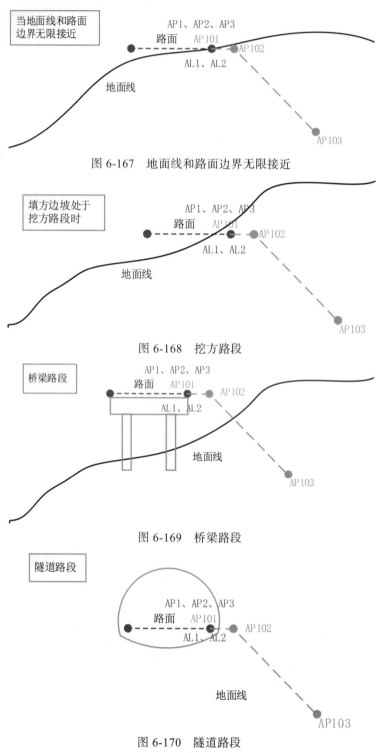

图 6-167　地面线和路面边界无限接近

图 6-168　挖方路段

图 6-169　桥梁路段

图 6-170　隧道路段

②挡墙不存在且无剪切线。挡墙不存在也没有边坡剪切线，这种情况下首先要做边坡是否继续的判断，该判断由路面构件传递，若结束其逻辑与路肩墙类似，于是直接跳转至路肩墙即可。若继续，起点 AP1 与 AP101 相同，AP2 与 AP3 则存在三种情况（图 6-171），即：a.继续下一边坡，b.结束于边坡（图 6-172），c.结束于平台（图 6-173）。三种情况均是和地面线的不同关系造成的，若其中一级边坡全部放完，未与地面线相交，则进入循环执行下一级边坡，直到与地面线相交，成为后两种情况。结束于边坡和平台则是地面线分别位于边坡位置、平台位置，则放坡终止。

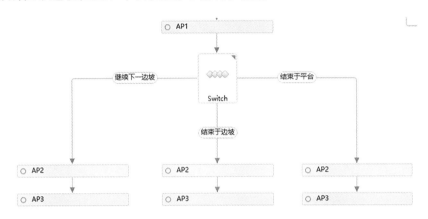

图 6-171　边坡继续的三种情况

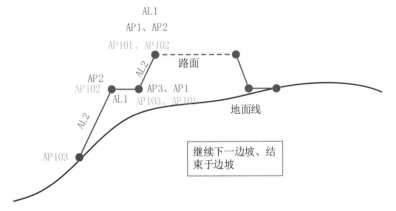

图 6-172　a、b 情况图示

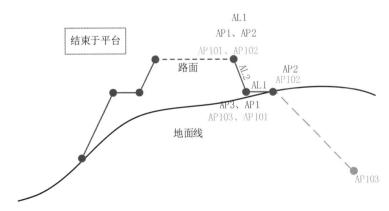

图 6-173　c 情况图示

③存在路肩墙。存在路肩墙的情况，填方边坡逻辑判断较为简单，与边坡直接结束类似，三个结构点汇聚在一起，如图 6-174 所示。

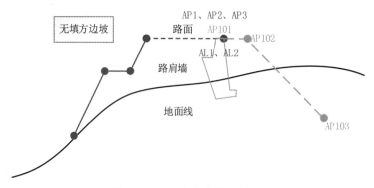

图 6-174　存在路肩墙无放坡

④存在路堤墙。存在路堤墙与情况②类似，仅在结束于边坡、结束于平台判断时引入路堤墙位置作为控制因素结束，此时的结束于地面线变更为结束于路堤墙位置，如图 6-175 所示。

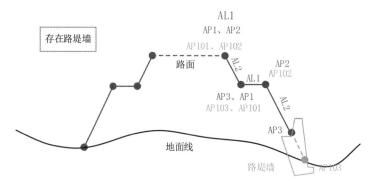

图 6-175　存在路肩墙无放坡

⑤挡墙不存在有剪切线（图 6-176）。不存在挡墙，但是有边坡剪切线情况较为复杂，继续下一边坡与前置情况类似；此种情况存在结束于地面线，即边坡剪切线在边坡已经结束于地面线外侧，此时控制因素仍然为地面线，这种情况下与结束于平台、结束于边坡类似；结束于剪切线，无论是填方平台还是填方边坡，都受剪切线控制，结束于剪切线的位置；结束于边坡还需要单独列出边坡坡度可以控制的情况，下行增加结束于地面线和剪切线两种情况；最后结束于平台，即剪切线位于填方平台。

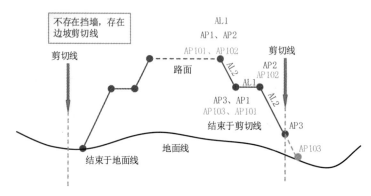

图 6-176　挡墙不存在有剪切线

⑥同时存在边坡剪切线和路堤墙以更高级别的边坡剪切线为主（图 6-177）。这种情况流程与情况⑤完全相同，同时存在边坡剪切线和路堤墙时，定义的是路堤墙失效，这样才能保证建模正确性。

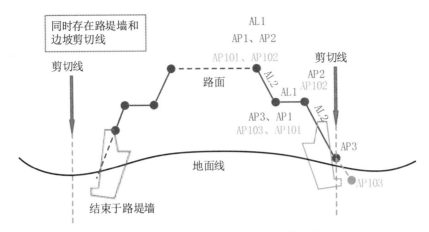

图 6-177　同时存在路堤墙和边坡剪切线

7）存在边坡控制线的逻辑判断（图 6-178）。此类情况更为复杂，总体上与不存在边坡控制线的逻辑判断类似，在细分的情况中需要加入更多的情况考虑，加入了填方平台宽度线、填方边坡坡度线、填方边坡高度线三个控制因素，由此每个辅助点的判断变得更为复杂，需要考虑这三个控制因素的组合，在此不做赘述。

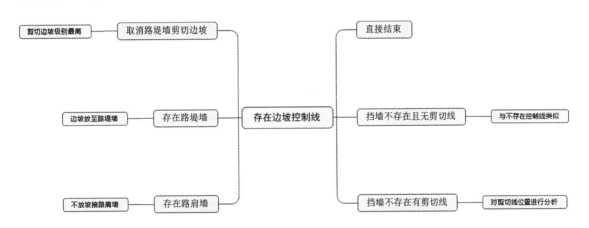

图 6-178　存在边坡控制线的逻辑判断

8）结构代码点定义。自上述逻辑判断完成，即填方边坡功能执行完成，现需要将执行完成的成果输出，就需要定义结构代码点，结构点 P1、P2、P3 和连接 L1、L2，分别对应辅助点 AP1、AP2、AP3 和辅助线 AL1、AL2，含义就是将用于判断的辅助点、辅助线转化为能输出成果的结构点、连接。

9）填方构件输出信息及传递信息（图 6-179）。自上一步骤后，填方边坡已经成型，但为了保证边坡的循环，即无限边坡，需要分侧输出填方平台、填方边坡终点的点代码，便于下一级边坡挂接和对应点代码；同时需要将最后一级边坡终点输出成固定名称便于路堤墙构件挂接；最后还需要根据填方级数及高度输出一个值告诉路堤墙应该选用的路堤墙类型。至此，整个填方边坡编写思路完成。

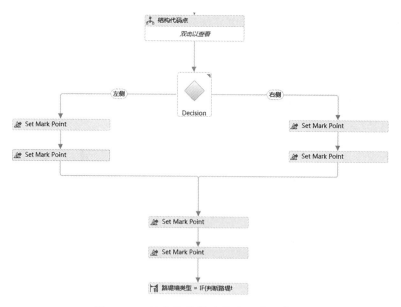

图 6-179　填方构件输出信息及传递信息

6.7　防护构件——路堤墙

路堤墙作为挂接式装配中的第六个构件，能够挂接在填方边坡构件结束的挂接点，通过接收判断路肩墙输出的"挡墙存在性"值，实现建模过程中对路堤墙结构体的创建，同时完成某些防护工程设计复核的功能，如路堤墙。本小节将介绍路堤墙构件的编写思路流程，具体的实现过程读者可自行仿照路肩墙构件章节进行编写。

6.7.1　构件参考图纸

路堤墙构件参考图纸如图 6-180、图 6-181 所示。

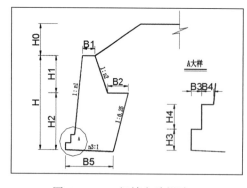

图 6-180　一级填方路堤墙

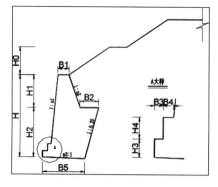

图 6-181　二级填方路堤墙

6.7.2　构件定制内容及思路

（1）构件内容　路堤墙的建模方式有两类：一类是将结构物的所有细节进行建模；另

一类是以结构物的外观特点为出发点，只对结构物的可见部分进行建模。两种建模方式在前述章节已经介绍。就目前 BIM 技术在国内交通工程领域的运用程度而言，使用第二种建模方式较好，以外观表现为主，能在工程实施前期以高效率的方式将工程完成后的情况展示出来。

路堤墙构件的编写也将以第二种建模方式为出发点进行编写，只考虑路堤墙外观可见部分——挡墙墙面和墙顶露出部分，不考虑墙体本身。

（2）构件编写思路　将路堤墙作为后序构件，挂接在填方边坡构件之上，通过接收路肩墙输出的"挡墙存在性"值来控制是否绘制路堤墙结构物或是将所有结构点收缩至路堤墙绘制起点，并在路堤墙墙面与地面线相交的位置作为边沟构件的挂接标记点输出。

6.7.3　路堤墙构件组成情况

对常见的路堤墙标准图进行分析，发现路堤墙的外观可见部分为填方边坡结束点、路堤墙墙顶边缘点、路堤墙墙面与地面线交点，由三个点和两条连接组成，如图 6-182 所示。

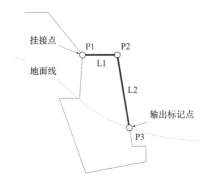

图 6-182　路堤墙结构点与连接关系

按上述编写思路，路堤墙结构点分别为 P1、P2、P3，其中 P1 挂接在填方边坡输出的标记点，P3 作为挂接标记点输出给下一个构件——边沟，结构点之间由连接相连。

6.7.4　构件输入参数设置及内部变量

构件的参数分为值参数和点参数两类，值参数分为输入参数和输出参数，点参数分为获取标记点和输出标记点，本节介绍路堤墙构件的输入参数设置和获取标记点设置。

（1）点参数接收（Get Mark Point）　设置获取标记点，能使构件接收其他构件传出的标记点，对于本书介绍的挂接式构件，通过设置输出标记点、获取标记点的组合形式，能够使构件之间通过标记点的形式结合在一起，实现"挂接"的效果。对于路堤墙构件，需要获取的标记点见表 6-35。

表 6-35　需要获取的标记点

标记点类型	标记点名称	标记点序号	源构件
Auxiliary Mark Point	if（side = left，"左侧填方路基边坡终点"，"右侧填方路基边坡终点"）	AP1	填方边坡构件

（2）构件输入参数设置（Input）　构件输入参数（Input Parameter）可分为控制型输入参数和传递型输入参数两类，前者由使用者输入数值来对参数进行赋值，后者通过指定其接收其他构件输出的参数值来进行赋值。在上一小节介绍的路堤墙编写原则前提下，所需的控制型输入参数见表 6-36，传递型输入参数如表 6-37。

表 6-36　控制型输入参数

参数名称	参数类型	参数方向	参数默认值	备注
Side	Side	Input	None	默认参数，控制构件路幅方向
墙面坡度	Double	Input	0.05	

表 6-37　传递型输入参数

参数名称	参数类型	参数方向	参数默认值	源构件
分离式存在性	Double	Input	0	路面构件
路基判断	Double	Input	0	路面构件
挡墙存在性	Double	Input	0	路肩墙构件
填方级数	Double	Input	1	填方边坡构件

（3）构件内部参数设置（Define Variable）　由于点代码、连接代码的赋值一般都与路幅方向相关，为避免重复编写赋值语句，将点代码、连接代码的值用内部变量代替，在赋值之前，对变量进行一次运算，使其符合当前情况的值，最终达到动态适应的效果。路堤墙构件需要设置的内部变量见表 6-38。

表 6-38　内部变量

变量名称	变量类型	变量默认值	备注
路堤墙 _ 起点点代码	String	if（side = left，"LDQ_L1"，"LDQ_R1"）	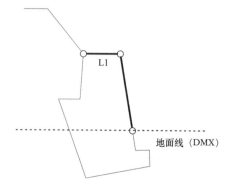
路堤墙 _ 中间点点代码	String	if（side = left，"LDQ_L2"，"LDQ_R2"）	
路堤墙 _ 终点点代码	String	if（side = left，"LDQ_L3"，"LDQ_R3"）	
路堤墙 _L1 连接代码	String	"路堤墙"	
路堤墙 _L2 连接代码	String	"路堤墙"	
挂接点点代码	String	if（side = left，"左侧路堤墙终点"，"右侧路堤墙终点"）	

6.7.5　构件目标参数设置情况及功能

路堤墙是否存在，已经在路肩墙构件中进行了判断，并通过"挡墙存在性"参数传出，路堤墙只需要接收这个值即可判断是否存在路堤墙，从而选择绘图模式。因此，路堤墙构件不需要设置纵向偏移目标，只需要创建水平偏移目标地面线（DMX）模拟曲面对象即可，如图 6-183 所示。

图 6-183　路堤墙绘图外观

6.7.6　构件的参数输出

构件的参数输出包括值类型参数输出和点类型参数输出，构件通过声明输出参数（Output Parameter）并配合设置输出参数值（Set Output Parameter）来实现对其他构件传递值类型参数；通过设置标记点（Set Mark Point）来向外界输出标记点，其他构件通过设置接收变量和获取对应的标记点来获取这些输出值。

路堤墙构件没有输出参数，因此只需考虑结构点传递（Set Mark Point），输出点设置见表 6-39。为边沟构件提供挂接点，根据前述内容，路堤墙构件只需要制作墙面、墙顶出露部分，因此，将墙面与地面线的交点作为挂接点进行输出即可，如图 6-184 所示，要注意，挂接点的代码应当区别路幅信息。

表 6-39　输出点设置

点名称	标记名称	备注
P3	if（side = left，"左侧路堤墙终点"，"右侧路堤墙终点"）	其他构件可设置获取标记点，并将标记点名称设置为标记名称，即可获取该标记点

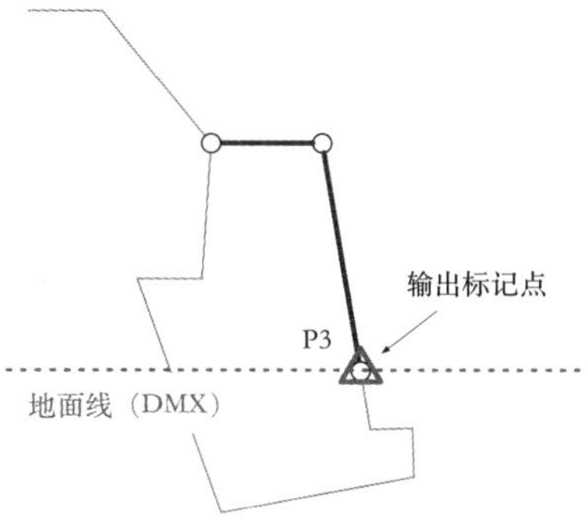

6.7.7　构件代码组成及 Civil 3D 样式特性

路堤墙构件的点代码设置见表 6-40，连接代码设置见表 6-41。

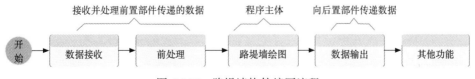

图 6-184　路堤墙挂接点示意

表 6-40　路堤墙构件的点代码设置

点名称	点代码	备注
路堤墙起点	左幅：LDQ_L1 右幅：LDQ_R1	
路堤墙中点	左幅：LDQ_L2 右幅：LDQ_R2	区分左右幅
路堤墙终点	左幅：LDQ_L3 右幅：LDQ_R3	

表 6-41　路堤墙构件的连接代码设置

连接名称	连接代码	备注
路堤墙墙顶	路堤墙，路基曲面	连接仅作为外观元素，不需要区分左右幅，添加"路基曲面"代码，为了在Civil 3D 中将所有含有"路基曲面"代码的连接统一生成曲面对象
路堤墙墙面	路堤墙，路基曲面	

在 Civil 3D 环境下，读者可以根据对象的代码值，批量修改具有相同代码对象的属性，例如，读者可以将具有"路堤墙"代码值的对象的颜色修改为黄色，道路生成后，有路堤墙的段落能明显观察到路堤墙的存在。

6.7.8　构件编写示例

前面介绍了挂接式路堤墙构件的基本思路，即以外观可见部分为主，挂接在填方边坡构件之后，接收路面构件传递的"分离式存在性""路基判断"以及路肩墙传递的"挡墙存在性"三个参数，从而改变绘图模式。在实际工程中，路堤墙构件还可以添加一些具有工程校核性质的复核功能，如是否为挖方墙、挡墙高度是否过高等，这些内容将在本节以案例的形式描述。

在具体进行编写之前，对路堤墙构件的编写顺序进行分析，将相关步骤整合在一起进行编写，有助于提高对整个编写过程的整体把控。编写逻辑如图 6-185 所示。

图 6-185　路堤墙构件编写流程

（1）接收前置构件传递的数据　挂接式装配是由独立编写的构件通过标记点自动挂接而成，其原理本质在于：将所有可能出现的工程情况纳入考虑，挂接所有可能出现的工程结构物，当实际使用过程中出现该结构物时，对应构件正常工作，绘制出相应的结构物，若实际不存在该结构物，则对应构件的点收缩至挂接起点，点与点之间的距离近似于零，从外观上等同于没有出现该结构物，详细原理在先前章节已有叙述。

路堤墙需要接受来自路面构件传递的"分离式存在性"和"路基判断"两个参数，通过这两个参数确定当前段落是否存在路基，不存在路基的情况下任何点都不需要绘制。在部件编辑器中，使用 Switch 模块实现这个功能，原理部分可参考 6.5.8 节，完成后如图 6-186 所示。

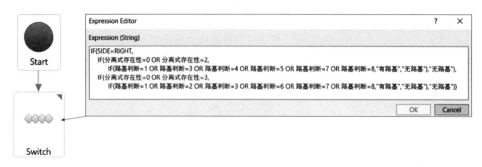

图 6-186　Switch 模块实现

（2）路堤墙构件挂接　路堤墙挂接逻辑如图 6-187 所示。

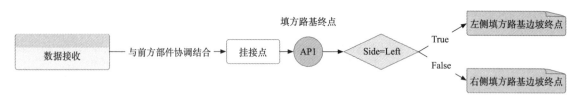

图 6-187　路堤墙挂接逻辑

路堤墙构件需要获取标记点用于挂接，在"1、数据接收"中创建辅助标记点，"Mark Name"属性设左侧 / 右侧填方边坡终点，完成后如图 6-188 所示。

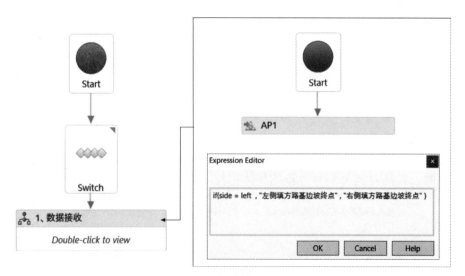

图 6-188　创建辅助标记点

（3）前处理模块　路堤墙构件的前处理模块包含三个部分，分别是：挖方墙判断、变量声明及赋值、代码设置，如图 6-189 所示。

在部件编辑器中创建一个工作流，命名为"2、前处理"，在其中再创建 3 个子工作流，分别命名为"挖方墙判断""内部参数及赋值""代码"，如图 6-190 所示。

1）挖方墙判断。设置在挖方段落的路堤墙认为是属于设计不合理之处，不进行绘制。判断路堤墙是否为挖方墙的依据为：路堤墙的挂接点（起点）是否位于地面线以

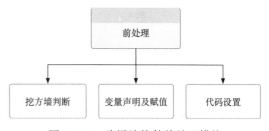

图 6-189　路堤墙构件前处理模块

下，通过挂接点与地面线之间的高程差即可判断出挖方、填方的关系，用一个内部 Yes\No 类型变量来接收这个判断结果，后续可直接使用这个内部变量而不必每次都去重新计算，如图 6-191 所示。

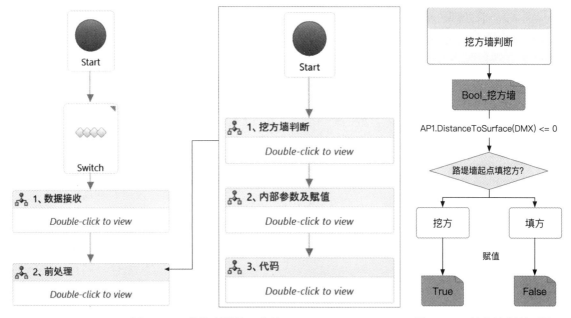

图 6-190　前处理模块工作流　　　　　图 6-191　挖方墙判断逻辑

在部件编辑器中，创建一个内部参数 Bool_挖方墙，同时引入一条水平目标（Target）作为参考地面线，按照图 6-191 逻辑编写，完成后如图 6-192 所示。

以上就完成了前处理模块中的挖方墙判断子模块，在 Civil 3D 中创建路堤墙时，程序会自动判断该段路堤墙是否为挖方墙。

2）变量声明及赋值。这里声明的变量均指内部变量，在路堤墙构件中，涉及墙体尺寸的某些参数都可以在此子模块中进行声明并赋值。本例对路堤墙只进行外观制作，墙面和墙顶出露部分是路堤墙的可见部分，如图 6-193 所示。查阅标准图集，墙顶宽度与上部填土级数相关，当填方级数为 1 时，墙顶宽度为 1.4m，填方级数为 2 时，墙顶宽度为 2m，墙面坡度为 0.05，因此需要设置的变量为"墙顶宽度""墙面坡度"。

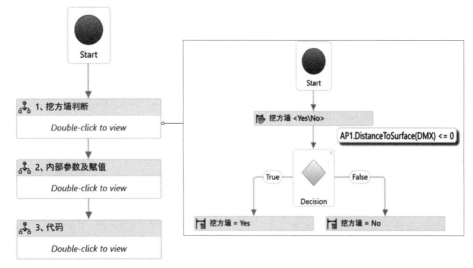

图 6-192 挖方墙判断工作流程

在"2、前处理"模块下的"内部参数及赋值"中，创建两个变量，控制墙面坡度参数的名称为"路堤墙_墙面坡度"，类型为 Double 类型，默认值为 0.05，读者可以将此值与输入参数（Input）结合，达到在 Civil 3D 中对墙面坡度修改的目的。控制墙顶宽度参数的名称为"路堤墙_墙顶宽度"，Double 类型的输入参数（Input），用条件语句赋值，判断条件为读者输入的填方级数，如图 6-194 所示。

3）代码设置。双击进入"代码设置"子模块。由于路堤墙构件有左右侧的差别，因此在代码中要体现出来，为了避免在之后的绘图过程中对左侧、右侧路堤墙

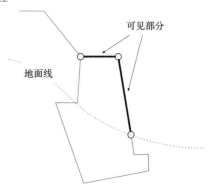

图 6-193 路堤墙构件在 Civil 3D 中的模型外观示意

重复绘制，事先将点代码和连接代码设置为变量，并根据当前的左右侧信息自动变换取值。

观察图 6-193 可知，需要设置三个点代码，两个连接代码，见表 6-42，设置完成后如图 6-195 所示。

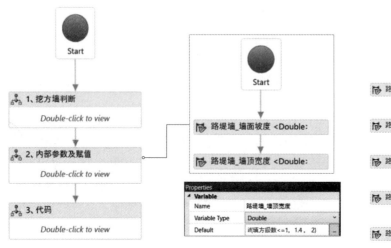

图 6-194 内部件编辑器工作流程

图 6-195 设置代码的流程

表 6-42　设置代码

变量名称	取值
路堤墙_起点点代码	if（side = left，"LDQ_L1"，"LDQ_R1"）
路堤墙_中点点代码	if（side = left，"LDQ_L2"，"LDQ_R2"）
路堤墙_终点点代码	if（side = left，"LDQ_L3"，"LDQ_R3"）
路堤墙_L1 连接代码	"路堤墙"
路堤墙_L2 连接代码	"路堤墙"

（4）挡墙存在性判断　路堤墙构件没有内置纵向偏移目标来判断当前段落是否存在挡墙，而是通过前置的路肩墙构件来输出这个值，当"挡墙存在性"等于 2 时，代表存在路堤墙，否则不存在路堤墙，在"3、挡墙存在性判断"中进行判断，并保存在内置变量"Bool_路堤墙"中，编写逻辑与编写结果如图 6-196、图 6-197所示。

以上完成了接收由路肩墙构件传出的"挡墙存在性"，并将判断结果存储在内部变量"Bool_路堤墙"中，方便之后调用。

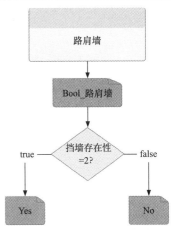

图 6-196　通过路肩墙构件来判断路堤墙的存在性

（5）路堤墙绘图　有了以上的准备，现在可以开始进行编写路堤墙构件的自身核心模块，该模块依据之前的变量取值进行路堤墙绘图。

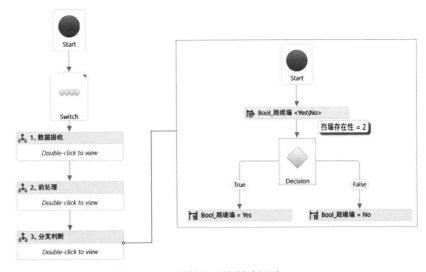

图 6-197　判断是否绘制路堤墙

路堤墙构件的绘图模式有两类：一类为存在路堤墙，结构点按正常尺寸设置，如图 6-198所示；另一类为不存在路堤墙，结构点收缩至路堤墙起点（挂接点），如图 6-199 所示。

区分两种绘图模式的依据为之前设置的两个内部变量——Bool_路堤墙、Bool_挖方墙，前者决定了设计者是否决定在当前段落设置路堤墙，后者决定当前段落是否能够合法地设置路堤墙，当两个条件均满足时，路肩构件以第一种方式绘图，否则以第二种方式绘图，逻辑流程如图 6-200 所示。

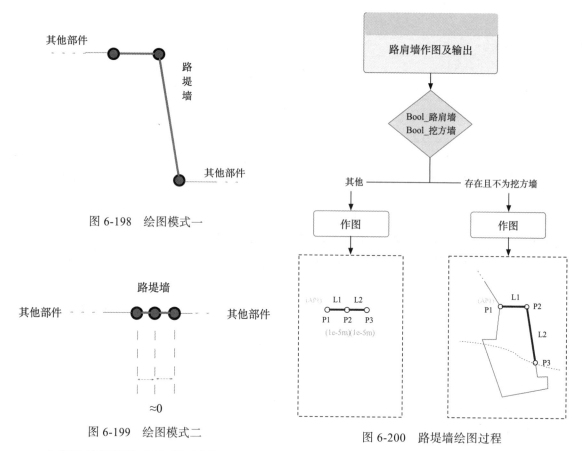

图 6-198　绘图模式一

图 6-199　绘图模式二

图 6-200　路堤墙绘图过程

在部件编辑器的主流程图中添加流程图模块，命名为"4、路堤墙绘制"，双击进入，添加 Decision 判断模块，该 Decision 模块用于判断路堤墙的绘图方式，在表达式一栏填入：

Bool_ 路堤墙 = Yes and Bool_ 挖方墙 = No

之后再在其下添加两个 Sequence 子模块用于两种绘图方式编写。Sequence 模块常用于制作无选择分支的流程任务，如图 6-201 所示。

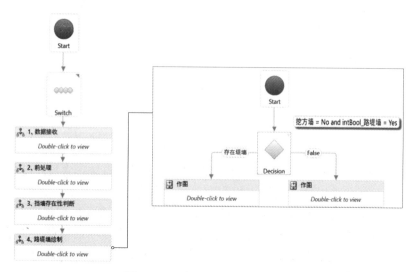

图 6-201　路堤墙绘图模式判断

1）路堤墙绘图模式一。双击"路堤墙正常绘制"Sequence 子模块，添加三个点（Point）和两条连接（Link），如图 6-202 所示。

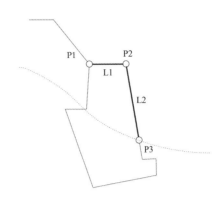

图 6-202　添加点和连接

对点和连接的相关属性进行设置，见表 6-43，设置完成后，将输入参数中的"挡墙存在性"修改为 2，将 DMX 高程设置为负值，就能在预览窗口观察到路堤墙墙面生成。

表 6-43　对点和连接的相关属性进行设置

对象名	属性	值
P1	Point Number	P1
	Point Codes	路堤墙_起点点代码
	Type	Delta X and Delta Y
	From Point	AP1
P2	Point Number	P2
	Point Codes	路堤墙_中间点点代码
	Type	Delta X and Delta Y
	From Point	P1
	Delta X	路堤墙_墙顶宽度
	Delta Y	0
P3	Point Number	P3
	Point Codes	路堤墙_终点点代码
	Type	Slope to Surface
	From Point	P2
	Slop	-1/墙面坡度
	Surface Target	DMX
L1	Link Number	L1
	Link Codes	路堤墙_连接代码，"路基曲面"
	From Point	P1
	End Point	P2

对象名	属性	值
L2	Link Number	L2
	Link Codes	路堤墙_连接代码，"路基曲面"
	From Point	P2
	End Point	P3

2）路堤墙绘图模式二。双击"路堤墙收缩至起点"Sequence 子模块，添加三个点（Point）和两条连接（Link），如图 6-203 所示。

对点和连接的相关属性进行设置，见表 6-44，设置完成后，将目标参数中的"偏移线_路堤墙"取消勾选，会发现此时预览窗口的路堤墙墙面消失，只留下重叠在一起的结构点。

（6）数据输出 上面的步骤完成了路堤墙构件的主体内容，构件实现了可根据是否存在挡墙以及是否存在挖方墙情况综合判断自动生成挡墙结构物，完成这部分流程后，路堤墙构件应当将边沟构件挂接点输出，如图 6-204 所示。因为输出的内容相对较少，且没有涉及参数输出，因此可以简化编写，直接在路堤墙完成绘图后，将 P3 点作为边沟构件挂接点输出。

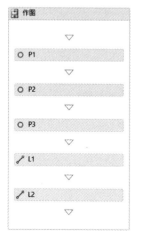
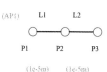

图 6-203　添加点和连接

表 6-44　对点和连接的相关属性进行设置

对象名	属性	值
P1	Point Number	P1
	Point Codes	路堤墙_起点点代码
	Type	Delta X and Delta Y
	From Point	AP1
P2	Point Number	P2
	Point Codes	路堤墙_中间点点代码
	Type	Delta X and Delta Y
	From Point	P1
	Delta X	1E-5
	Delta Y	0
P3	Point Number	P3
	Point Codes	路堤墙_终点点代码
	Type	Delta X and Delta Y
	From Point	P2
	Delta X	1E-5
	Delta Y	0

对象名	属性	值
L1	Link Number	L1
	Link Codes	路堤墙_连接代码，"路基曲面"
	From Point	P1
	End Point	P2
L2	Link Number	L2
	Link Codes	路堤墙_连接代码，"路基曲面"
	From Point	P2
	End Point	P3

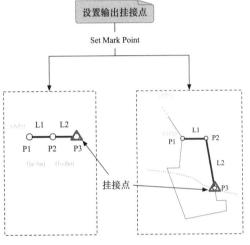

图 6-204　路堤墙挂接点输出模块编写逻辑

在路堤墙绘图后创建一个"Set Mark Point"，并按表 6-45 设置其属性，完成后如图 6-205 所示。

表 6-45　设置属性

对象	属性	值
标记点 （Set Mark Point）	Point Name	P3
	Mark Name	if（side = left，"左侧路堤墙终点"，"右侧路堤墙终点"）

（7）附加功能　之前的六个步骤完成了路堤墙构件的主要功能，实现了路堤墙接收前置构件参数、自身运行以及向后置构件输出参数的功能。除此之外，还可以为构件增加一些附加功能，例如当路堤墙为挖方墙时，可以在 Civil 3D 模型生成时向外输出报告，设计者可以在设计时即时发现这些缺陷。又如当路堤墙过高，同样可以向外输出报告，其原理如图 6-206 所示，具体的操作步骤和相关原理，在路肩墙构件中已经进行了详细讲解，读者可以参考 6.5.8 节内容。

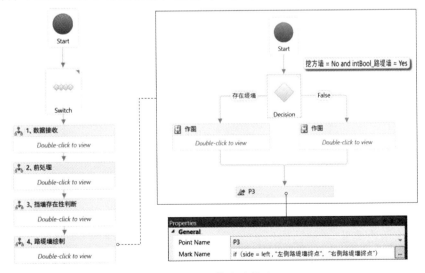

图 6-205　输出连接点

113

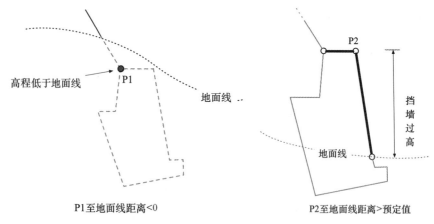

高程低于地面线

P1

地面线

P1至地面线距离<0

P2

挡墙过高

地面线

P2至地面线距离>预定值

图 6-206 可输出路堤墙核查报告的情形

6.8 排水构件——边沟

边沟构件是 BIM 标准构件库中的组成成员，构件起点及终点分别与路堤墙构件及路堑墙构件相连，本节将详细介绍边沟构件组成原理及其使用功能。

6.8.1 构件参考图纸

边沟构件的编写，参考了高速公路路基、路面排水工程设计图，其中挖方边沟参考的是边沟Ⅰ-1型边沟样式（图6-207）。

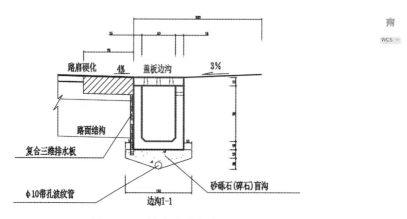

图 6-207 挖方边沟参考图纸

当道路模型处于挖方状态时，边沟构件会自动调整为挖方边沟的形式，边沟构件各部分尺寸均参考上述挖方边沟形式。

其中主要参数有：

挖方边沟坡度、挖方边沟底宽、挖方边沟深度、碎落台宽度、边沟砌护等。

填方边沟采用边沟Ⅱ-2型边沟形式（图6-208）。

当道路模型处于填方状态时，边沟构件会自动调整为填方边沟的形式，边沟构件各部分尺寸均参考上述挖方边沟形式。

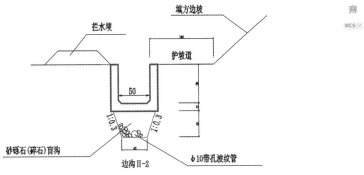

图 6-208　填方边沟参考图纸

其中主要组成参数有：

填方边沟坡度、填方边沟深度、护坡道、填方边沟底宽、边沟砌护等。

边沟构件的参数组成及详细介绍将在后续章节中进行讲解。

6.8.2　构件定制内容及思路

（1）边沟构件定制内容　边沟构件定制的主要内容包含：

1）根据填挖方情况自动生成对应的边沟形式。

2）设置不同偏移目标，对边沟形式进行处理。

3）根据前置构件传递参数确定后续是否输出参数传递给后置构件。

（2）边沟构件定制思路　边沟构件定制思路为：将边沟划分为 10 个构件点（point），点与点之间以线（lines）相连，表达边沟各组成部分的尺寸，构件定制图如图 6-209 所示。

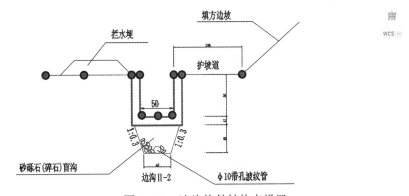

图 6-209　边沟构件结构点设置

如图 6-210 所示，边沟构件通过对构件参考图的细化，设置 10 个结构点（BGR1-BGR10/BGL1-BGL10），中间的连线为边沟组成部分的尺寸。构件通过设置不同偏移目标及不同情况下的规则，在相对应的地形情况下边沟构件将呈现不同的形式，以满足现有地形条件下的实际情况。

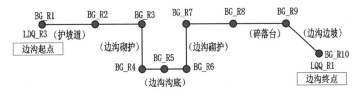

图 6-210　边沟构件结构点设置情况

构件定制思路采用树状判定，根据不同条件选择不同分支进行下一步的计算，最终确定边沟形式，定制思路如图 6-211 所示。

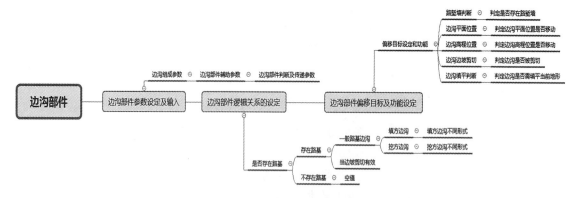

图 6-211 边沟构件定制思路

后续小节将详细介绍边沟构件的参数设置、逻辑关系，偏移目标及边沟构件功能上的解析。

6.8.3 边沟构件组成情况

根据上一小节介绍的边沟构件编写思路，不同的路基形式，边沟也分为不同组成情况，下面进行详细介绍：

（1）普通填挖方情况 在无任何偏移目标设置的情况下，边沟构件根据填挖方情况分为填方边沟及挖方边沟，具体组成情况如下。

1）填方边沟，如图 6-212 所示。

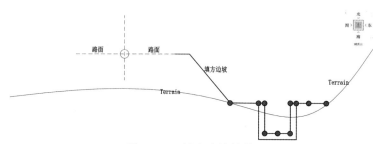

图 6-212 填方边沟情况

2）挖方边沟，如图 6-213 所示。

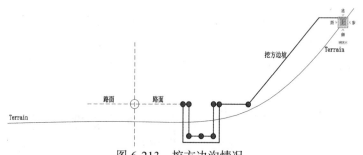

图 6-213 挖方边沟情况

（2）路肩墙/路堤墙情况 当路肩墙或路堤墙存在时，填方边沟处于消隐状态，以极小值集中在一点。

1）路肩墙存在，如图 6-214 所示。

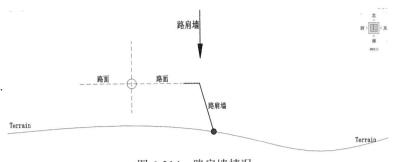

图 6-214　路肩墙情况

2）路堤墙存在，如图 6-215 所示。

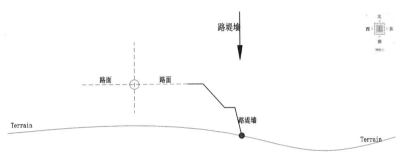

图 6-215　路堤墙情况

（3）路堑墙情况　当路堑墙存在时，挖方边沟处于路堑墙边沟状态，如图 6-216 所示。

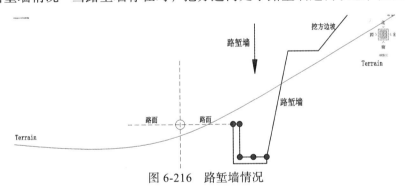

图 6-216　路堑墙情况

（4）填方边沟结束组成　当构件处于填方边沟状态时，根据结束段地形状况的不同，会有不同的组成情况。

1）填方结束，如图 6-217 所示。

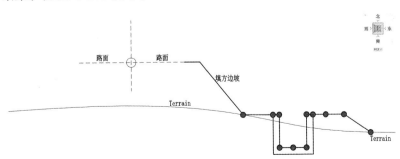

图 6-217　边沟以填方方式结束

2）填平结束，如图 6-218 所示。

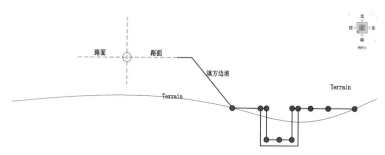

图 6-218　边沟以填平方式结束

3）挖方结束，如图 6-219 所示。

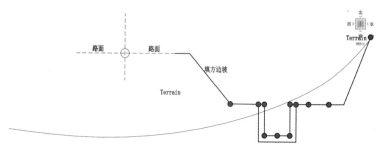

图 6-219　边沟以挖方方式结束

（5）边坡剪切线有效　当存在边坡剪切时，填方边沟和挖方边沟采取不同的组成情况。

1）填方边沟。填方边沟状态，当存在边坡剪切线时，边沟处于消隐状态，以极小值集中在一点，如图 6-220 所示。

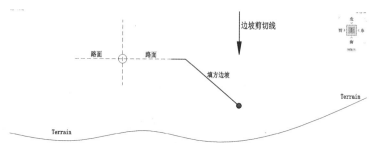

图 6-220　填方时边坡剪切线有效

2）挖方边沟。挖方边沟状态，当存在边坡剪切线时，挖方边沟根据剪切线距离分为消隐和继续绘制状态。

①消隐状态，如图 6-221 所示。

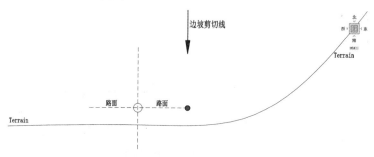

图 6-221　挖方时边坡剪切线有效一

②继续绘制，如图 6-222 所示。

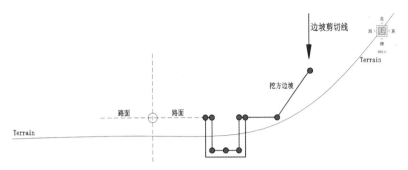

图 6-222　挖方时边坡剪切线有效二

6.8.4　构件参数设置、内部变量逻辑关系及代码组成

根据本节前文所述，边沟构件中，共有 10 个结构点，点与点之间的距离为边沟组成部分的尺寸，在定制构件之前，在部件编辑器参数输入界面中（input/output Parameters）设置边沟构件所需参数。

边沟构件参数设置共分为三部分，下面依次介绍。

（1）边沟组成参数。边沟组成参数是指边沟结构点之间用于表达边沟组成的参数，主要参数见表 6-46。

表 6-46　构件组成参数设置一览表

序号	构件名称	默认数值	参数类型	备注
1	填方边沟深度	0.72	Double	
2	挖方边沟深度	0.97	Double	
3	填方边沟底宽	0.355	Double	
4	挖方边沟底宽	0.4	Double	
5	填方砌护宽度	0.12	Double	
6	挖方砌护宽度	0.15	Double	
7	碎落台	1.7	Double	
8	护坡道	0.88	Double	

根据表 6-46，边沟组成参数类型为"双精度 Double"，采用方式全部为 input 输入，在定制构件之前就已将此类参数输入，定制过程中直接调用即可。

参数意义解释如下：

填方 / 挖方边沟深度：以右侧边沟为例，代表图 6-210 中 BGR3-BGR4 间的距离，按照填挖方情况分别设置为填方和挖方边沟深度。

填方 / 挖方边沟底宽：以右侧边沟为例，代表图 6-210 中 BGR4-BGR5/BGR5-BGR6 间的距离，按照填挖方情况分别设置为填方和挖方边沟底宽。

填方 / 挖方砌护宽度：以右侧边沟为例，代表图 6-210 中 BGR2-BGR3/BGR7-BGR8 间的距离，按照填挖方情况分别设置为填方和挖方边沟砌护宽度。

护坡道：以右侧边沟为例，代表图 6-210 中 BGR1-BGR2 之间距离，护坡道仅在填方边沟的状态下出现。

碎落台：以右侧边沟为例，代表图 6-210 中 BGR8-BGR9 之间距离，碎落台仅在挖方边沟的状态下出现。

（2）边沟构件辅助参数　边沟构件辅助参数是指在对构件进行逻辑判断对所需的辅助条件参数，主要参数见表 6-47。

表 6-47　构件辅助参数设置一览表

序号	参数名称	默认数值	参数类型	备注
1	边沟填方坡度	2：1	slop	
2	边沟挖方坡度	0.3：1	slop	
3	填方高度	8	Double	
4	填方坡度	1.5：1	slop	
5	xx	0.00001	Double	
6	边沟填挖判断	10	Double	

根据表 6-41，边沟构件辅助参数类型包含 Double 及 slop 型，采用方式全部为 input 输入，在定制构件之前就已将此类参数输入完毕，定制过程中直接调用即可。

参数意义解释如下：

边沟（填方/挖方）坡度：以右侧边沟为例，代表图 6-210 中 BGR9-BGR10 之间的距离，为边沟主体完成绘制后边沟的挖方或填方的坡度值。

填方高度、填方坡度：这两个参数是指当处于填方边沟状态时，对应填方边坡的高度以及最后一级的坡度，通常情况高度是固定值，坡度根据填方级数来确定最后一级的坡度值，通过参数传递的方式来告知边沟构件。

xx：此参数为极小值，当填方/挖方形式变换或存在结构物时，不同的结构点以极小值集中于一点，以满足实际情况的需要，极小值解析详解见 6.2.3 节。

边沟填挖判断：填方边沟绘制完成后，结束点判定与实际地形相对位置，来决定是否以填方、挖方或者填平来结束，如图 6-223 所示。

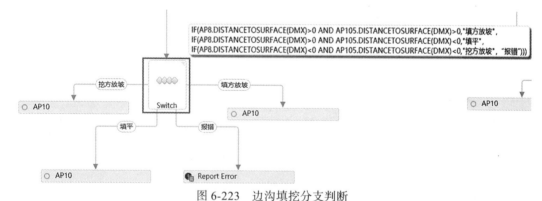

图 6-223　边沟填挖分支判断

（3）参数传递（input）　在本构件中，需接收源构件传递的参数分别有路基存在性、挡墙存在性、剪切线存在性。即在不同的情况下，本构件断面形式会根据路基存在性、挡墙存在性、剪切线存在性进行不同形式的变化。

主要参数见表 6-48。

表 6-48　构件参数接收信息表

参数名称	参数类型	参数方向	参数默认值
路基存在性	Double	Input	1

参数名称	参数类型	参数方向	参数默认值
挡墙存在性	Double	Input	0
剪切线存在性	Double	Input	0

参数意义解释如下：

路基存在性：通过路面构件传递的路基存在性值，判定是否存在路基，如不存在，则边沟构件为空。

挡墙存在性：通过前置路肩挡墙构件传递的挡墙存在性值，判定是否存在挡墙，如存在，则边沟构件所有结构点以 xx 值顺序排列。

剪切线存在性：通过前置路肩挡墙构件传递的剪切线存在性值，判定是否存在剪切线，如存在，则边沟构件进入含有剪切线的部分进行计算绘制。

上述小节介绍了边沟构件各个参数，后续章节将详细介绍边沟构件偏移目标的设定及边沟构件的功能。

6.8.5 构件目标参数设置情况及功能

（1）边沟构件偏移目标设置　边沟构件的偏移目标主要包含了五部分，分别为：边沟位置、边沟高程、路堑墙、边沟剪切、填平判断。

设置边沟偏移目标的目的在于，根据当前地形及路基横断面形式可以对边沟进行平面位置及纵面位置的调整，也可根据结构物存在性来自动判定是否绘制边沟。边沟构件偏移目标见表 6-49。

表 6-49　构件偏移目标表

序号	偏移目标名称	默认数值	参数类型	显示名称
1	边沟位置	0	Offset	【边沟】-14- 平面位置
2	边沟高程	0	Elevation	【边沟】沟底高程
3	路堑墙	0	Offset	【边沟】-13- 路堑墙
4	边沟剪切	0	Offset	【边沟】-15- 边沟剪切
5	填平判断	0	Offset	【边沟】-11- 填平

构件中利用 Switch 命令进行判定，可以分别进入不同的偏移目标模块，如图 6-224 所示。

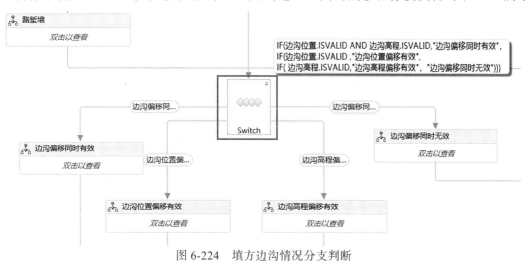

图 6-224　填方边沟情况分支判断

下面详细介绍各偏移目标的意义：

边沟位置：边沟位置偏移目标（Offset）用于拾取边沟在平面移动的偏移量，当偏移目标有效时，边沟的平面位置跟随偏移目标移动（以填方边沟为例）。如图 6-225 所示，当判定偏移目标有效时，边沟位置会随偏移目标移动而改变。

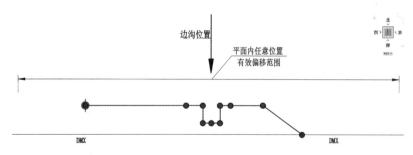

图 6-225　边沟位置偏移示意

边沟高程：边沟高程偏移目标（elevation）用于拾取边沟沟底高程位置，当偏移目标有效时，边沟勾底高程跟随偏移目标移动（以填方边沟为例）。如图 6-226 所示，当边沟高程偏移目标有效时，边沟沟底高程会随偏移目标移动而移动。

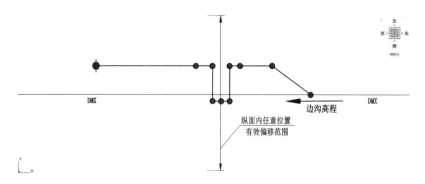

图 6-226　边沟高程偏移示意

边沟位置、边沟高程：上述边沟位置和边沟高程只是随单一偏移目标移动而移动，还有一种情况，是当这两个偏移目标同时有效时，边沟位置由上述两种偏移目标的偏移量决定（以填方边沟为例）。如图 6-227 所示，当两个偏移目标同时有效时，边沟位置定位于两个偏移目标分别所对应位置。

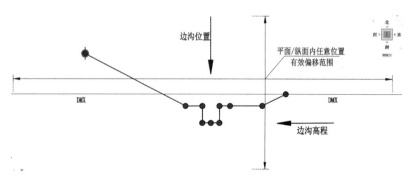

图 6-227　边沟位置偏移／边沟高程偏移示意

注：上述三个偏移目标的有效性在挖方边沟情况同样适用。

路堑墙：路堑墙偏移目标有效性只存在于挖方边沟情况，根据偏移目标的位置判断当前是否存在路堑墙。如图 6-228 所示，当路堑墙偏移目标有效时，边沟构件变换为连接路堑墙形式，后续路堑墙构件直接挂接在边沟构件上。

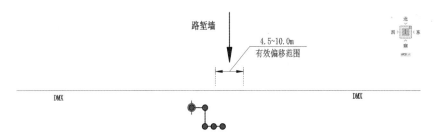

图 6-228　路堑墙偏移示意

边沟剪切：边沟剪切偏移目标只存在于边沟结束点为挖方情况时，用于对挖方高度进行修正，如图 6-229、图 6-230 所示。

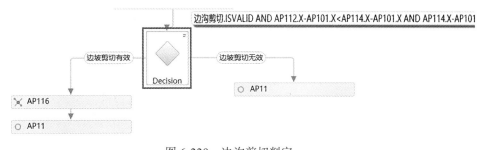

图 6-229　边沟剪切判定

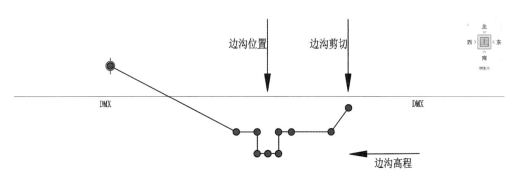

图 6-230　边沟剪切示意

填平判断：填平判断偏移目标有效性只存在于填方边沟，目的在于根据当前边沟与实际地形相对位置，来决定是否进行填平处理，如图 6-231、图 6-232 所示。

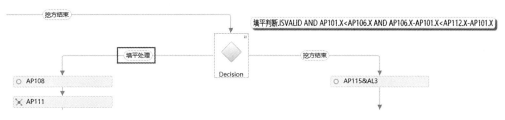

图 6-231　填平处理判定

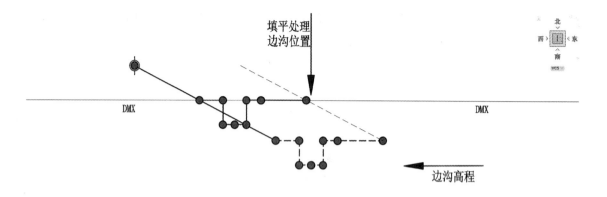

图 6-232 填平处理示意

上述内容主要介绍了边沟构件的偏移目标的设置情况及其意义，下面将详细介绍边沟构件的逻辑关系，并对偏移目标的算法进行介绍。

边沟构件运行逻辑主要为各种限定条件的判断，通过条件读取来实现边沟构件在不同情况下的不同绘制形式，下面详解介绍判定流程。

（2）路基存在性判断　首先需判断是否存在路基，利用构件编辑器中的 Switch 命令和接收来自路面构件的路基存在性值进行判定，如图 6-233 所示。

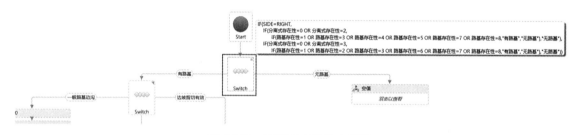

图 6-233　路基存在性分支判断

当路基存在性值为有路基存在时，边沟构件将进入有路基部分进行运行，如图 6-234 所示。

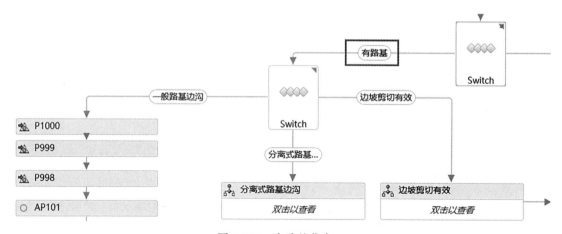

图 6-234　有路基分支

（3）边坡剪切存在性判断　完成路基存在性判断后，第二步是对边坡剪切是否存在的判定，利用 Switch 命令和接收来自挡墙存在性值进行判定，如图 6-235 所示。

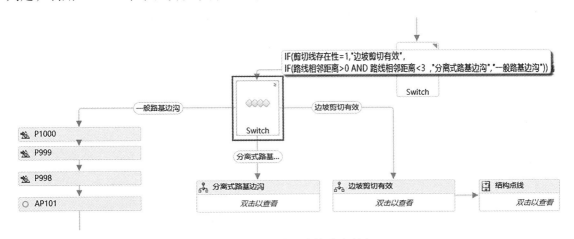

图 6-235　边坡剪切有效分支判定

当边坡剪切判定完成，如果不存在剪切线，则会在一般路基边沟的条件下运行，反之，边沟构件将会在边坡剪切的条件下运行。

一般路基有效情况判定，如图 6-236 所示。

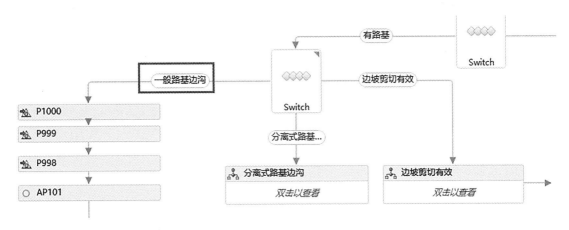

图 6-236　一般路基流程

边坡剪切有效情况填挖判定，如图 6-237 所示。

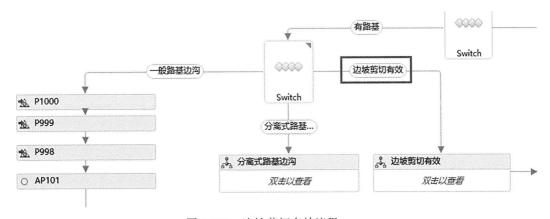

图 6-237　边坡剪切有效流程

（4）填、挖方判定　当构件在边坡剪切判定完成后，无论是否存在边坡剪切，都将进行填、挖方状态的判定，来决定是填方边沟或者挖方边沟，如图 6-238 所示。

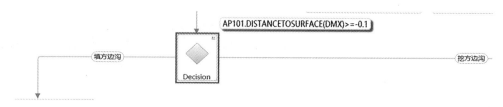

图 6-238　填、挖方判定

判定填挖方情况，通过 Decision 命令判定路基边缘点与 DMX（地面线）之间的关系，当路基边缘点与 DMX 距离为正值时构件为填方边沟状态，反之则为挖方边沟状态。

填挖方判定结束后，边沟构件就会进入填方边沟或者挖方边沟的判断流程。

（5）填方边沟　边沟构件进入填方边沟部分后，将再进行情况判定，首先需判定是否存在挡墙，如存在，则边沟构件各结构点以极小值距离排列附着在地面线上。如图 6-239 所示，在有挡墙的情况下，AP2 点以极小值距离排列在 DMX 上，AP 点的几何类型为 Delta X on Surface，其余 AP 点也以同样的方式排列于 DMX 上。

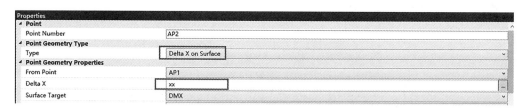

图 6-239　极小值排列设置

当构件判定为无挡墙时，就会进入填方边沟的部分，如前文所述，填方边沟绑定了不同的偏移目标，此时填方边沟存在四种不同的情况。

如图 6-240 所示，填方边沟此时分别存在：

1）边沟偏移同时无效。

2）边沟位置偏移有效。

3）边沟高程偏移有效。

4）边沟偏移同时有效。

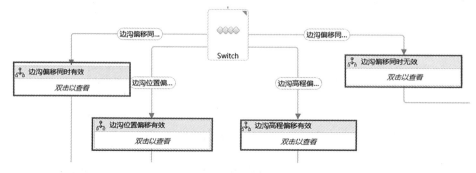

图 6-240　填方边沟四种情况

下面分别对这四种情况进行介绍。

1）边沟偏移同时无效。边沟偏移同时无效是指没有设定任何偏移目标，填方边沟位置及高程无任何移动，填方边沟在原有位置进行绘制。

当填方边沟构件在原位置绘制完成后，会根据边沟结束点的位置来决定放坡形式或者对地形做填平处理。

构件运行功能解释如下：

①边沟结束点以填方结束。如图 6-241 所示，在填方边沟结束点处，AP112 点与地面线间的距离为正值，同时辅助判定是否做填平处理的 AP113 点到地面线的距离也为正值，因此，此时填方边沟结束点将以填方形式结束。

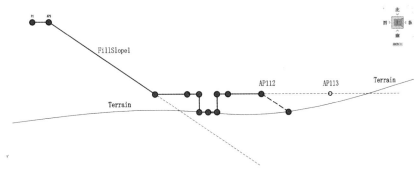

图 6-241　边沟填方结束

当 AP113 点与地面线距离为负值时，则做填平处理。

算法图示如图 6-242 所示。

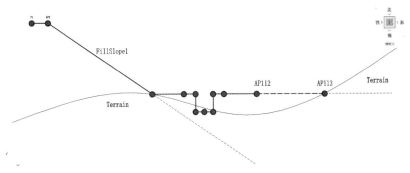

图 6-242　边沟填平结束

②边沟结束点以挖方结束。如图 6-243 所示，此时 AP112、AP113 点与地面线的距离均为负值，边沟结束点就以挖方形式结束，在判定为挖方结束后，也可以通过填平处理来对边沟进行处理，算法图示如下。

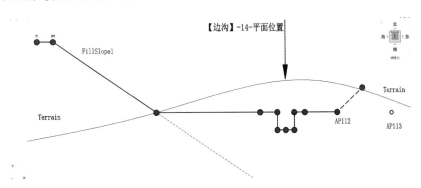

图 6-243　边沟挖方结束

如图 6-244 所示，当偏移目标填平处理有效时，边沟结束点 AP112 会以填方边坡的对应坡度反向找到地面线上的交点，再向左延伸对应找到填方边坡上的交点，然后开始绘制边沟，完成填平处理。

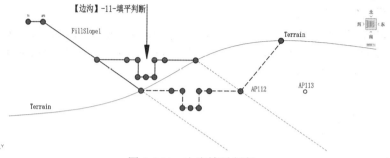

图 6-244　边沟填平判断

2）边沟位置偏移有效。边沟位置偏移有效部分是指当前文所述的边沟位置偏移目标判定为有效时，边沟的平面位置将随偏移目标的移动而变化，当偏移位置确定后，开始绘制填方边沟。

同样当填方边沟构件在确定的位置绘制完成后，会根据边沟结束点的位置来判断如何进行边沟结束点的处理。

边沟构件平面位置可以在水平法线方向上任意移动，构件默认为路线右侧边沟，构件会首先判定边沟位置是否移动到了相连边坡的内侧。

当边沟砌护点位于边坡结束点左侧时，则边沟移动到边坡内侧，反之则在边坡外侧，如图 6-245 所示。

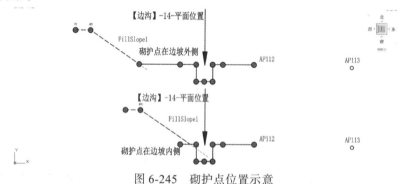

图 6-245　砌护点位置示意

构件运行功能解释如下：

①边沟平面偏移在边坡外侧。当边沟偏移在边坡外侧时，有两种情况，分别以填方形式结束和以挖方形式结束，在挖方状态下，也可以利用填平判断来对挖方进行处理。

如图 6-246～图 6-248 所示，边沟在所接边坡外侧移动时，结束段的处理与前文所述相同，同样根据边沟结束点、自动填平判断点与地形的关系来决定如何进行处理。

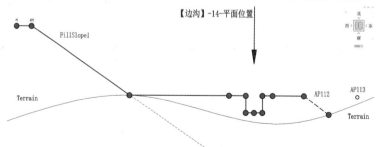

图 6-246　边沟位置偏移情况一

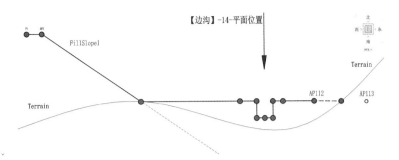

图 6-247　边沟位置偏移情况二

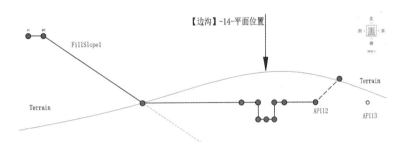

图 6-248　边沟位置偏移情况三

如图 6-249 所示，当边沟挖方过深时，就可利用填平判断，将边沟位置移动进行改动，满足实际情况的需要。

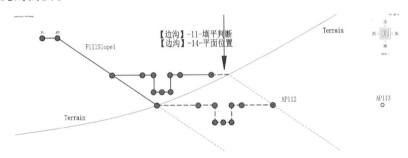

图 6-249　边沟位置偏移填平判断

此时，边沟结束段的判定条件和方式与边沟偏移无效中的情况完全一致。

注：当边沟进行填平处理判断时，水平法线方向上与边坡会有交点，如果该点位置超出了边坡的范围，则构件会输出错误信息提醒读者，报错情况如图 6-250、图 6-251 所示。

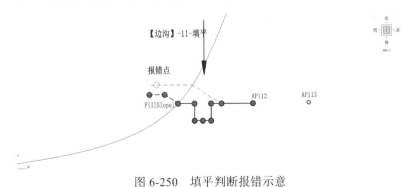

图 6-250　填平判断报错示意

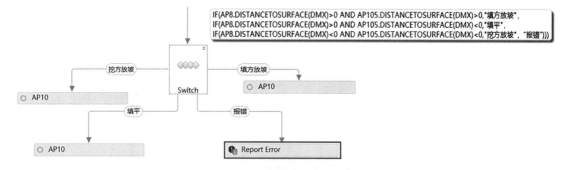

IF(AP8.DISTANCETOSURFACE(DMX)>0 AND AP105.DISTANCETOSURFACE(DMX)>0,"填方放坡",
IF(AP8.DISTANCETOSURFACE(DMX)>0 AND AP105.DISTANCETOSURFACE(DMX)<0,"填平",
IF(AP8.DISTANCETOSURFACE(DMX)<0 AND AP105.DISTANCETOSURFACE(DMX)<0,"挖方放坡","报错")))

图 6-251　报错分支判断

②边沟平面偏移在边坡内侧。当边沟偏移在边坡内侧时，不符合实际工程情况，此时边沟构件的起点会沿垂直法线方向找到与边坡的交点，重新对边沟进行绘制。

如图 6-252~ 图 6-254 所示，当边沟在边坡上重新绘制完成后，同样在结束点上判定是以填方形式结束还是以挖方形式结束，在挖方状态下，也可以利用填平偏移来对挖方进行处理，所有判定条件与边沟偏移无效中的情况完全一致。

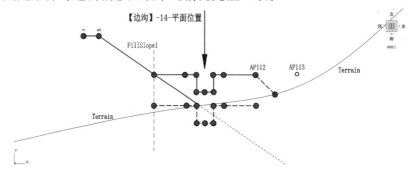

图 6-252　边沟位置偏移情况四

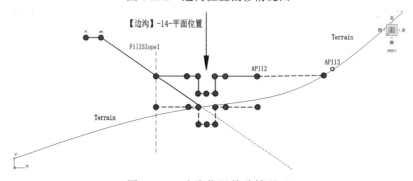

图 6-253　边沟位置偏移情况五

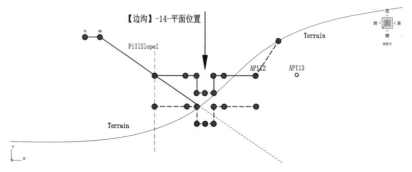

图 6-254　边沟位置偏移情况六

注：当边沟在边坡内侧移动，垂直法线方向上与边坡的交点也在移动，如果该点的移动位置超出了边坡的范围，则构件会输出错误信息提醒读者，报错情况如图 6-255、图 6-256 所示。

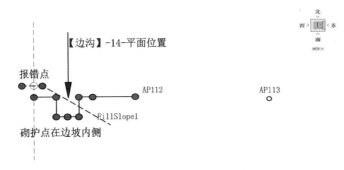

图 6-255　边沟位置偏移报错示意

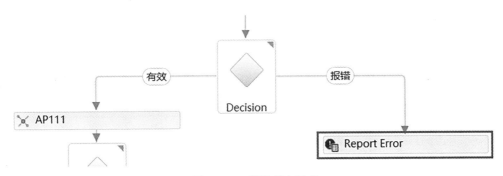

图 6-256　报错判定示意

3）边沟高程偏移有效。边沟高程偏移有效是指当边沟高程偏移目标判定为有效时，边沟的沟底高程位置将随偏移目标的移动而变化，当偏移位置确定后，开始绘制填方边沟。

边沟高程偏移有效只针对沟底高程，同样当填方边沟构件在确定的高程位置绘制完成后，会根据边沟结束点的位置来判断边沟结束点如何处理。

构件运行功能解释如下：

如图 6-257、图 6-258 所示，当边沟沟底高程位置确定后，边沟依然在结束点位置去判断填挖形式，以及是否需要做填平处理，判定条件与边沟偏移无效中的情况完全一致。

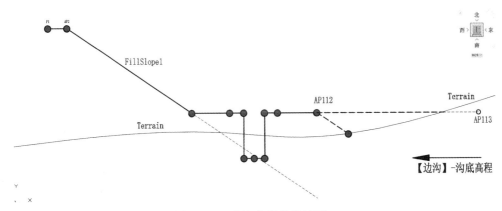

图 6-257　边沟高程偏移情况一

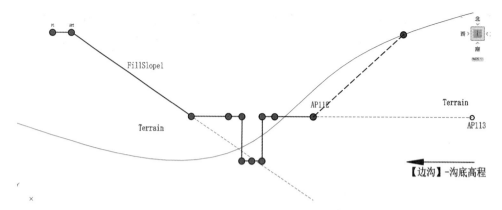

图 6-258　边沟高程偏移情况二

4）边沟偏移同时有效。边沟偏移同时有效是指当边沟位置偏移目标和高程偏移目标同时判定为有效时，边沟位置将随两个偏移目标的移动而变化，最终当偏移位置确定后，开始绘制填方边沟。

此时边沟构件的移动相当于在平面直角坐标系中移动，位置由位置偏移量 X 和高程偏移量 Y 决定。

构件默认为路线右侧边沟，此时需要首先判定边沟位置是处于边坡的内侧还是外侧，再判断边沟位置是在地面线下还是地面线上。

构件运行功能解释如下：

首先判定边沟位置与地面线的关系，当判定完成后，再判定边沟位于填方边坡的哪一侧，最后根据边沟所处位置来进行处理。

①边沟偏移在地面线上及边坡外侧。如图 6-259 所示，当边沟位置由平面偏移目标和高程偏移确定后，边沟位于地面线上和边坡外侧。边沟在结束点判断填挖形式，以及是否需要做填平处理，判定条件与边沟偏移无效中的情况完全一致。

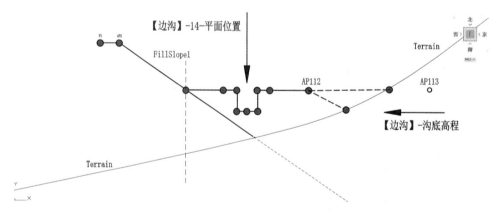

图 6-259　边沟位置/高程偏移同时有效情况一

注：当边沟进行填平处理判断时，水平法线方向上与边坡会有交点，如果该点位置超出了边坡的范围，则构件会输出错误信息提醒读者。

②边沟偏移在地面线上及边坡内侧。如图 6-260 所示，当边沟位置由平面偏移目标和高程偏移确定后，边沟位于地面线上及填方边坡内侧，此时不符合实际工程情况，边沟构件的起点会沿垂直法线方向，找到与边坡的交点，重新对边沟进行绘制。

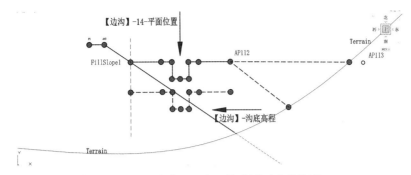

图 6-260　边沟位置 / 高程偏移同时有效情况二

重新绘制完成后，在结束点上判定是以填方形式结束还是以挖方形式结束，在挖方状态下，也可以利用填平偏移来对挖方进行处理，所有判定条件与边沟偏移无效中的情况完全一致。

注：当边沟在边坡内侧移动，垂直法线方向上与边坡的交点也在移动，如果该点的移动位置超出了边坡的范围，则构件会输出错误信息提醒读者。

③边沟偏移在地面线下及边坡外侧。如图 6-261 所示，当边沟位置由平面偏移目标和高程偏移确定后，边沟位于地面线下和填方边坡外侧，此时边沟完全处于地面线下，因此边沟构件在结束点处直接采用挖方形式结束，不再进行判定。

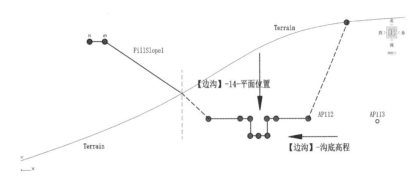

图 6-261　边沟位置 / 高程偏移同时有效情况三

④边沟偏移在地面线下及边坡内侧。如图 6-262 所示，当边沟位置由平面偏移目标和高程偏移确定后，边沟位于地面线下和填方边坡内侧，此时不符合实际工程情况，边沟构件的起点会沿垂直法线方向，找到与边坡的交点，重新对边沟进行绘制

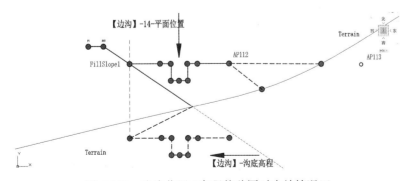

图 6-262　边沟位置 / 高程偏移同时有效情况四

重新绘制完成后，在结束点上判以填方形式结束还是以挖方形式结束，在挖方状态下，也可以利用填平判断来对挖方进行处理，所有判定条件与边沟偏移无效中的情况完全一致。

注：当边沟在边坡内侧移动，垂直法线方向上与边坡的交点也在移动，如果该点的移动位置超出了边坡的范围，则构件会输出错误信息提醒读者。

5）小结。前述详细介绍了填方边沟的逻辑判定情况，根据不同的地形条件和偏移情况填方边沟会采取不同的处理形式。

（6）挖方边沟　边沟构件进入挖方边沟部分后，首先判定是否存在挡墙，如存在，则边沟构件将变化为路堑墙形式，为防护构件（路堑墙）接入做准备，如图 6-263 所示。

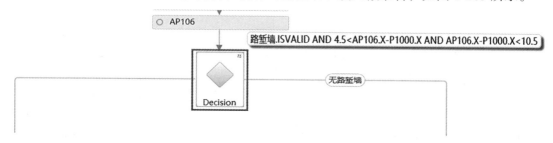

图 6-263　挖方路堑墙判定

1）路堑墙。当边沟构件进入挖方边沟段，路堑墙偏移目标有效时，逻辑判断进入路堑墙部分构件，运行功能解释如下。

如图 6-264 所示，当路堑墙偏移目标有效时，挖方边沟自动变化为图示形式，用于顺接路堑墙构件，多余的边沟点将以极小值距离集中在边沟结束点上。

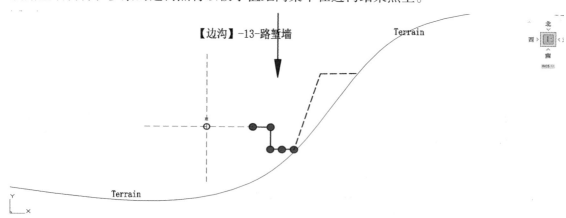

图 6-264　路堑墙情况示意

2）挖方边沟判断。当路堑墙偏移目标无效时，就进入挖方边沟判定部分，挖方边沟判定按照偏移目标的不同分为不同情况，如图 6-265 所示。

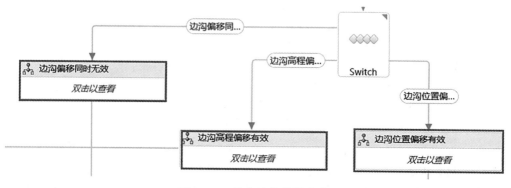

图 6-265　挖方边沟情况分支

①边沟偏移同时无效。

②边沟位置偏移有效。

③边沟高程偏移有效。

挖方边沟偏移目标的判定情况与前述填方边沟一致，在此不再赘述。

（7）边坡剪切　前文提到，在边沟构件运行初期，要进行边坡剪切性存在的判定，当剪切性存在为有效时，构件将进入边坡剪切部分，如图 6-266 所示。

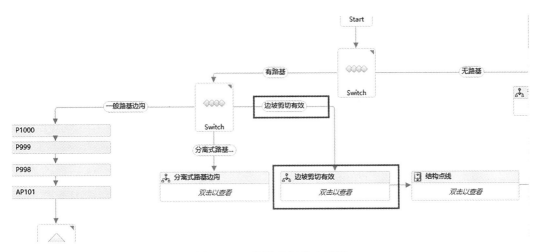

图 6-266　边坡剪切分支判定

边沟构件进入边坡剪切存在状态后，填挖判断与前文所述一致，只是在填方边沟的状态下，边沟将以极小值集中在边坡剪切的位置上，不再对边沟进行绘制，如图 6-267 所示。

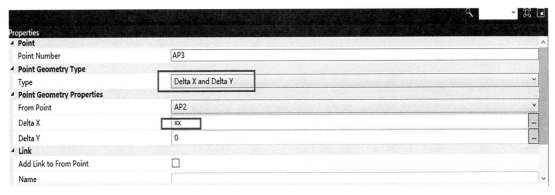

图 6-267　极小值设置

当构件在挖方边沟的状态下时，构件依然会首先判定是否存在路堑墙，然后会根据边坡剪切的位置来决定是否绘制挖方边沟。情况判定与前述内容一致，此处不再赘述。

（8）小结　本节详细介绍了边沟构件的运行逻辑和功能，并且阐述了相关偏移目标的算法，在后续小节中，将介绍边沟构件代码的设置及参数的传递。

6.8.6　边沟构件参数传递

在编制公路工程 BIM 标准构件时，结合高速公路特性及构件编辑器自身特性，不同种类构件挂接时需要用到各种参数及结构点的传递，节省独立构件的编制工作量。构件的参数传递在 Input/Output Parameters 工具栏中的 Direction 中对 Output 参数进行设置；构件结构点的传递应使用 Set Mark Point 工具进行设置。

（1）参数传递（Output） 在本构件中，需传递的参数只有挡墙存在性_路堑墙，即在存在路堑墙时，本构件断面形式会根据路堑墙存在性进行形式的变化，然后传递参数给后置路堑墙构件，见表 6-50。

表 6-50 构件参数接收信息表

参数名称	参数值	类型变化	源构件
挡墙_路堑墙存在性	1/0	路堑墙存在 / 路堑墙不存在	路堑墙

（2）标记点传递（Set Mark Point） 在前文中已经提到，边沟构件进行填挖方判定时，设置三个 Mark point 点用于挂接和接收前置构件的所传递的信息，均采用 Set Mark Point 的形式传递。参考本构件 .pkt 文件，具体传递的结构点信息见表 6-51。

表 6-51 Set Mark Point 信息一览表

序号	Point Name	Mark Name	传递的构件
1	AP1000	路线设计线点	路面构件
2	AP999	路堤墙终点	路堤墙构件
3	AP998	填方路基平台终点	填方边坡构件

6.8.7 边沟构件代码组成

边沟构件完成前文所述的逻辑判定和绘制后，需要进行输出及代码设置，使得边沟构件可以在 Civil 3D 中被识别，因此，需对边沟构件的点及连接代码做参数化设置。

通过构件编辑器 SAC 和 Civil 3D 的交互，让 Civil 3D 软件能够获取构件结构点线的代码，Civil 3D 道路的材质、显示信息及标注标签等功能，都是通过对构件代码应用来实现的，因此构件的代码设置对于 BIM 三维模型及其应用尤为重要。实际在构件的应用过程中，通过标准的构件及其对应的 Civil 3D 模板和代码样式集，可直接输出标准的道路模型，无须再从 *.pkt 文件内部调整对应的点线代码，本书针对构件代码的命名方式和规则进行简要阐述，方便读者理解构件的实际作用。

（1）点代码设置（Point Codes） 本构件用于显示输出的结构点（Point），共计 20 个，固定点代码设置规则为"BG_左/右侧 + 点编号"，分别为 BG_L1、BG_L2……BG_L10 及 BG_R1、BGM_R2……BG_R10，如图 6-268 所示。

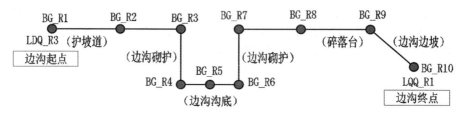

图 6-268 边沟构件点代码设置示意

（2）线代码设置（Link Codes） 本构件用于显示输出的连接线（Link），共计9条，与点代码设置相同，线代码随边沟类型的不同而变化。当断面形式为路基时，设置如图 6-269 所示的线代码。

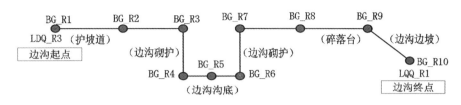

图 6-269 边沟构件线代码设置示意

对边沟构件的 10 个结构点进行代码设置，设置方法如图 6-270 所示。

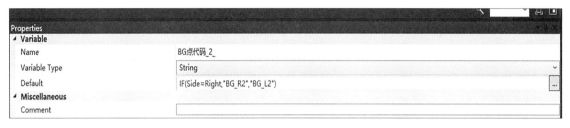

图 6-270 边沟构件点代码参数设置

代码设置完成后，通过对结构点及相连线段进行代码赋值，使得边沟的输出能在 Civil 3D 中被识别，设置方式如图 6-271 所示。

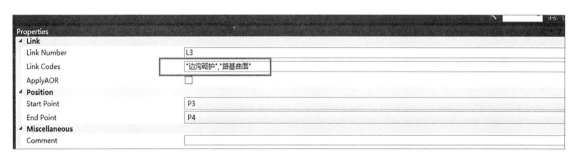

图 6-271 边沟构件线代码参数设置

通过上述方式，可以使得边沟构件中的结构点线进行输出，从而在 Civil 3D 中使用，这是构件操作的必要条件。

6.8.8 构件编写过程

在通过构件编辑器 SAC 对本构件具体编制的过程中，应统筹思考编写构件的框架，针对不同的路基断面情况考虑不同的边沟形式，本书简要阐述高速公路边沟构件的制作过程，具体过程如下：

（1）设置参数及偏移目标 根据 6.8.4 节中，为实现边沟构件功能，在开始编写构件之前，应先对构件所必需的参数及偏移目标进行设置，如图 6-272、图 6-273 所示。

Input/Output Parameters					
Name	Type	Direction	Default Value	DisplayName	Description
Side	Side	Input	Right		
填方坡度	Slope	Input	1.50:1		
挡墙存在性	Double	Input	0	【输入】-【路肩墙】-挡墙存在性	
边沟挖方坡度	Slope	Input	0.30:1		
盲沟坡度	Slope	Input	0.30:1		
挖方盲沟底宽	Double	Input	0.56		
填方盲沟底宽	Double	Input	0.3		
盲沟深度	Double	Input	0.4		
挖方边沟底宽	Double	Input	0.4		
填方边沟底宽	Double	Input	0.355		
挖方边沟深度	Double	Input	0.97		
填方边沟深度	Double	Input	0.72		
碎落台宽度	Double	Input	1.7		
拦水埂宽度	Double	Input	0.88		

图 6-272 构件基本参数设置

Target Parameters				
Name	Type	Preview Value	DisplayName	Enabled In Prev
DMX	Surface	-1.065		☑
盲沟判断	Offset	-28.415	【边沟】-12-盲沟	☐
填平判断	Offset	-14.023	【边沟】-11-填平	☐
边沟高程	Elevation	0.094	【边沟】沟底高程	☐
路堑墙	Offset	3.221	【防护】-13-路堑墙	☐
边沟位置	Offset	5.278	【边沟】-14-平面位置	☐
边沟剪切	Offset	-6.878	【边沟】-15-边沟剪切	☐
Create parameter				

图 6-273 构件偏移目标设置

（2）理清逻辑思路定制构件框架 如图 6-274 所示，本构件采用树状判定模式，从上至下依次进行逻辑判定，最终确定断面形式，编写过程中应当考虑边沟可能出现的所有情况，通过制订算法图（图 6-275），来确定逻辑判定的条件。

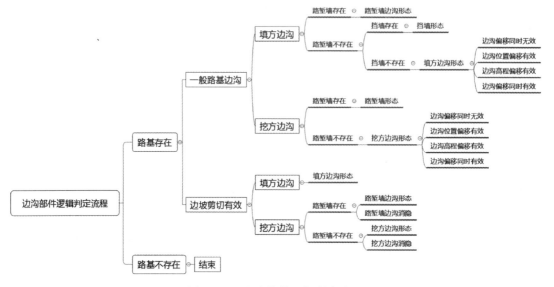

图 6-274 边沟构件逻辑判定流程

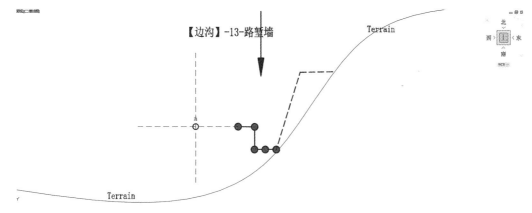

图 6-275　树状判定路堑墙算法图

（3）AP 辅助点编号规则　本构件的编写较为复杂，用到的辅助点（Auxiliary Point）较多，使用的方式也不尽一样，应对不同种类的辅助点以不同的规则方式区分，方便后续查看及修改。通常一个构件的编写至少会用到两种辅助点，分别为偏移目标对应的辅助点以及对应断面组成所需要的辅助点，如图 6-276 所示。

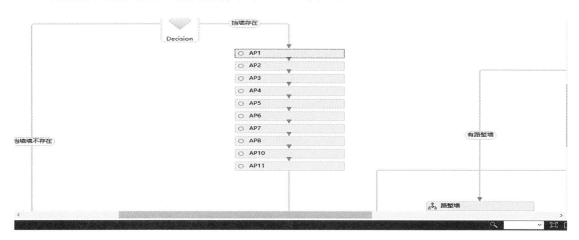

图 6-276　辅助点设定

因为边沟为对称断面，因此在本构件的编写时，左右两侧的辅助点组成方式一致。在本构件中，所有断面结构上的辅助点依次排列分别标示断面的右侧、左侧，结构点的位置及顺序，如图 6-277 所示。

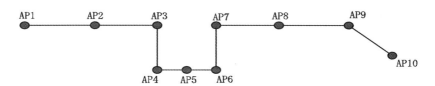

图 6-277　边沟构件辅助点设置

（4）AP 点线的编写方式　本构件，采用的是树状判定结构，在断面形式的基础辅助点确定后，后续分支中的 AP 点的变化规则及参数可通过 AP 点自身的 Point Geometry Properties 中进行设置改变，如图 6-278 所示。

139

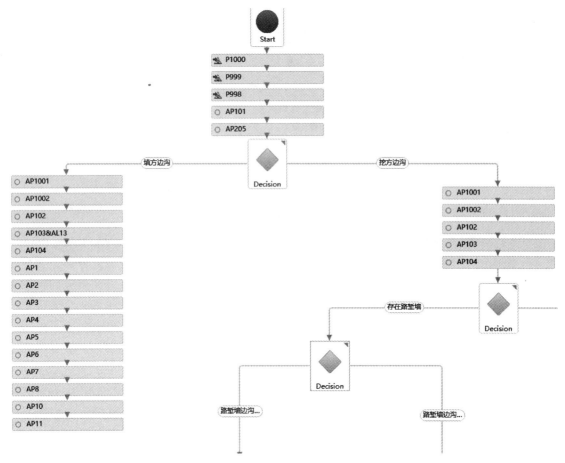

图 6-278　辅助点编写流程

通过 6.8.5 节偏移目标的不同设置情况，以及由不同偏移目标产生的不同断面形式，对所有边沟可能组成的情况分类编写，其优点是逻辑关系清楚，AP 辅助点的编写相对简单，对于测试构件在 Civil 3D 中的运行效果也可快速检查及修改；其缺点是在 .pkt 文件中 AP 点的数量相对较多，编写构件的过程中运行速度会受到一定影响（在 Civil 3D 中运行效率不受影响）。读者在自己编写的过程中可根据实际项目采用不同的方式对路面构件进行编写。

（5）结构点线的附着（Point）　将 AP 辅助点编写完成后，只需将结构点 Point 附着到对应的辅助点 Auxiliary Point 上，通过 Link 的链接构成结构线，再写入已经设置好的代码变量，从而形成最终构件的结构点线，如图 6-279 所示。

（6）输出点与输出值　本构件的输出点与输出值较为简单，本小节不再阐述。具体思路及结果详见 6.8.6 边沟构件参数传递一节。

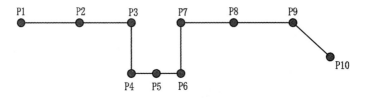

图 6-279　边沟构件结构点设置

6.9 防护构件——路堑墙

路堑墙作为挂接式装配中的第六个构件，挂接在边沟构件边缘的标记点上，通过接收边沟构件输出的"是否存在挡墙_路堑墙"参数来判断是否有路堑墙，实现建模过程中对路堑墙结构体的创建，同时还能完成某些防护工程设计复核的功能，如在填方路段设置了路堑墙的情况。本小节将介绍路堑墙构件的编写思路，以及如何在构件编辑器中编写具有能与前述构件挂接的路堑墙构件。

6.9.1 构件参考图纸

路堑墙构件参考图纸如图 6-280 所示。

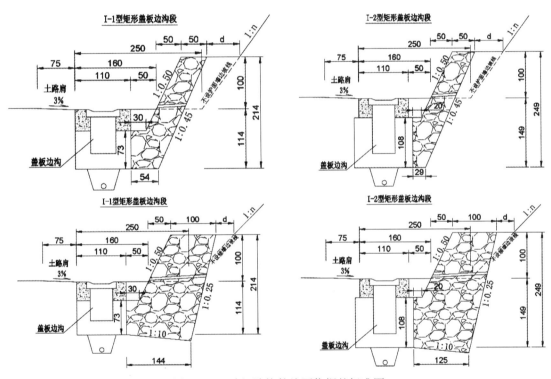

图 6-280 路堑墙构件编写依据的标准图

6.9.2 构件定制内容及思路

（1）构件内容 路堑墙构件的编写将以外观表现为出发点进行编写，只考虑路堑墙外观可见部分——墙面、墙顶、墙后填平三个部分。不考虑墙体本身，不考虑排水措施、分隔缝等。

（2）构件编写思路 将路堑墙作为次级构件，挂接在边沟构件之后，通过边沟构件传出的"是否存在挡墙_路堑墙"来控制是否绘制路堑墙结构物，或是将所有结构点收缩至路堑墙绘制起点（即边沟构件输出的标记点）。

6.9.3　路堑墙构件组成情况

根据上一节介绍的路堑墙构件编写思路，将常见的路堑墙标准图进行分析，可以发现，路堑墙的外观可见部分为路堑墙的墙面、墙顶、墙后填平三个部分，由起点、中点、墙顶终点、填平终点四个点和三条连接组成，如图6-281所示。

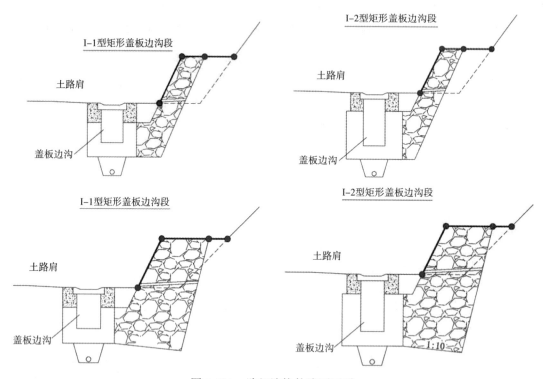

图 6-281　路堑墙构件编写原则

按上述编写思路，路堑墙的外观可见部分构件只需要使用四个结构点（Point）和三条连接（Link）就可实现。四个结构点包括路堑墙起点、中点、墙顶终点与填平终点。连接部分为墙面、墙顶、墙后填平。图6-282为标准路堑墙的结构点与连接示意图，起点拾取路面构件输出的标记点，终点作为下一个构件的标记点输出，实现挂接、传递的功能。

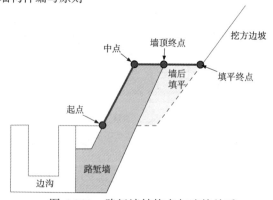

图 6-282　路堑墙结构点与连接关系

6.9.4　构件输入参数设置及内部变量

构件的参数分为值参数类型和点参数两类，值参数分为输入参数和输出参数，点参数分为获取标记点和输出标记点，本节介绍路堑墙构件的输入参数设置和获取标记点设置。

（1）点参数接收（Get Mark Point） 设置获取标记点，能使构件接收其他构件传出的标记点，对于本书介绍的挂接式构件，通过设置输出标记点、获取标记点的组合形式，能够使构件之间通过标记点的形式结合在一起，实现"挂接"的效果，对于路堑墙构件，需要获取的标记点见表 6-52。

表 6-52 路堑墙需要获取的标记点

标记点类型	标记点名称	标记点序号	源构件
Auxiliary Mark Point	if（side = left，"左侧边沟终点"，"右侧边沟终点"）	AP1	边沟构件

（2）构件输入参数设置（Input） 构件输入参数（Input Parameter）可分为控制型输入参数和传递型输入参数两类，前者由用户输入数值来对参数进行赋值，后者通过指定其接收其他构件输出的参数值来进行赋值。在上一节介绍的路堑墙编写原则前提下，编写路堑墙所需的控制型输入参数见表 6-53，传递型输入参数见表 6-54。

表 6-53 控制型输入参数

参数名称	参数类型	参数方向	参数默认值	备注
Side	Side	Input	None	系统默认参数
墙面坡度	Double	Input	0.05	
路堑墙_墙背填土宽 d	Double	Input	1	
路堑墙_墙高 H1	Double	Input	2	

表 6-54 传递型输入参数

参数名称	参数类型	参数方向	参数默认值	源构件
是否存在挡墙_路堑墙	Double	Input	1	边沟构件
分离式存在性	Double	Input	0	路面构件
路基判断	Double	Input	0	路面构件

（3）构件内部参数设置（Define Variable） 由于点代码、连接代码的赋值一般都与路幅方向相关，例如路堑墙挂接在右侧边沟构件之上，那么路堑墙的起点、终点的点代码都要加上右幅的方向信息，为了避免重复编写赋值语句，可以将点代码、连接代码的值用内部变量代替，在赋值之前，对变量进行一次运算，使其符合当前情况的值，最终达到动态适应的效果。路堑墙构件需要设置的内部变量见表 6-55。

表 6-55 路堑墙构件需要设置的内部变量

变量名称	变量类型	变量默认值	备注
路堑墙_P1 点点代码	String	if（side = left， "LQQ_L1"， "LQQ_R1"）	
路堑墙_P2 点点代码	String	if（side = left， "LQQ_L2"， "LQQ_R2"）	
路堑墙_P3 点点代码	String	if（side = left， "LQQ_L3"， "LQQ_R3"）	
路堑墙_P4 点点代码	String	if（side = left， "LQQ_L4"， "LQQ_R4"）	
路堑墙_L1 连接代码	String	"路堑墙"	
路堑墙_L2 连接代码	String	"路堑墙"	
路堑墙_L3 连接代码	String	"墙背回填"	

6.9.5　构件目标参数设置情况及功能

路堑墙需要设置的目标参数见表 6-56。

表 6-56　路堑墙需要设置的目标参数

目标参数名称	类型	备注
DMX	Surface	模拟地形曲面
偏移线_路堑墙_墙高_V	Elevation	获取高程值控制墙高参数

（1）地面线（DMX）：Surface 类型，用于确定地面高程信息的目标参数，模拟 Civil 3D 中的曲面对象，如地形、道路曲面等。

（2）偏移线_路堑墙_墙高_V：Elevation 类型，水平偏移线，用于控制路堑墙墙高，当其存在且相对于地面线的高程为正时才被认为是有效的，否则墙高取默认值，这样设置的好处是可通过偏移线批量修改墙高，如图 6-283 所示。

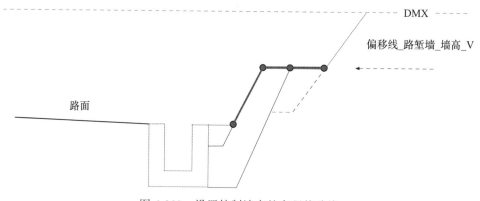

图 6-283　设置控制墙高的高程偏移线

6.9.6　构件的参数输出

构件的参数输出包括值类型参数输出和点类型参数输出，构件通过声明输出参数（Output Parameter）并配合设置输出参数值（Set Output Parameter）来实现对其他构件传递值类型参数；通过设置标记点（Set Mark Point）来向外界输出标记点，其他构件通过设置接收变量和获取对应的标记点来获取这些输出值。

对于路堑墙构件，要为之后的挖方边坡构件输出标记点（Set Mark Point）用于挂接，除此之外不需要输出参数。将墙后填平终点作为标记点输出，如图 6-284 所示。要注意，标记点的代码应当区别路幅信息，若没有区分左右幅，会导致 Civil 3D 中填方边坡构件无法准确辨别正确的标记点，标记点的设置见表 6-57。

表 6-57　标记点的设置

点名称	标记名称	备注
P4	if（side = left，"左侧路堑墙终点"，"右侧路堑墙终点"）	其他构件可设置"获取标记点"，并将下一构件的标记点名称设置为"P4"的标记名称，即可获取该标记点

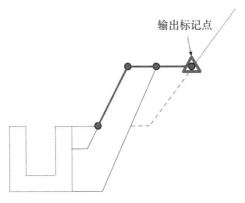

图 6-284　路堑墙输出的挂接点

6.9.7　构件代码组成及 Civil 3D 样式特性

代码设置主要分为点代码和连接代码，路堑墙构件的点代码设置见表 6-58，连接代码设置见表 6-59。

表 6-58　路堑墙构件的点代码设置

点名称	点代码	备注	图示
P1	左幅：LQQ_L1 右幅：LQQ_R1	区分左右幅	
P2	左幅：LQQ_L2 右幅：LQQ_R2		
P3	左幅：LQQ_L3 右幅：LQQ_R3		
P4	左幅：LQQ_L4 右幅：LQQ_R4		示意图

表 6-59　路堑墙构件的连接代码设置

连接名称	连接代码	备注
L1	路堑墙，路基曲面	连接仅作为外观元素，不需要区分左右幅，添加"路基曲面"代码，为了在 Civil 3D 中将所有含有"路基曲面"代码的连接统一生成曲面对象
L2	路堑墙，路基曲面	
L3	墙背回填，路基曲面	

在 Civil 3D 环境下，读者可以根据对象的代码值，批量修改具有相同代码对象的属性，例如，读者可以将具有"路堑墙"代码值的对象的颜色修改为黄色，"墙背回填"设置为暗绿色，道路生成后便于观察。

6.9.8　构件编写示例

前面介绍了挂接式路堑墙构件的基本思路，以外观可见部分为主，挂接在边沟构件之后，接收路面构件传递的"分离式存在性""路基判断"以及边沟构件传递的"是否存在挡墙_路堑墙"三个参数，从而改变绘图模式。在实际工程中，路堑墙构件还可以添加一些具有工程校核性质的复核功能，如是否为填方墙，这些内容将在本节以案例的形式描述。

在具体进行编写之前，将路堑墙构件的编写顺序进行分析，将相关步骤整合在一起进行编写，有助于提高对整个编写过程的整体把控。编写逻辑如图 6-285 路堑墙前处理模块。

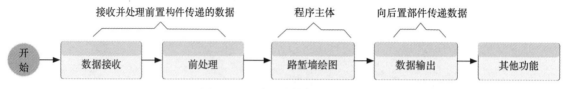

图 6-285　路堑墙构件编写流程

（1）接收前置构件传递的数据　挂接式装配是由独立编写的构件通过标记点自动挂接而成，其原理本质在于：将所有可能出现的工程情况纳入考虑，挂接所有可能出现的工程结构物，当实际使用过程中出现该结构物时，对应构件正常工作，绘制出相应的结构物，若实际不存在该结构物，则对应构件的点收缩至挂接起点，点与点之间的距离转变为近似于零，从外观上等同于没有出现该结构物，详细原理在先前章节已有叙述。

路堑墙需要接收来自路面构件传递的"分离式存在性"和"路基判断"两个参数，通过这两个参数确定是否当前段落存在路基，不存在路基的情况下任何点都不需要绘制。在构件编辑器中，使用 Switch 模块实现这个功能，原理部分可参考 6.5.8 节，完成后如图 6-286 所示。

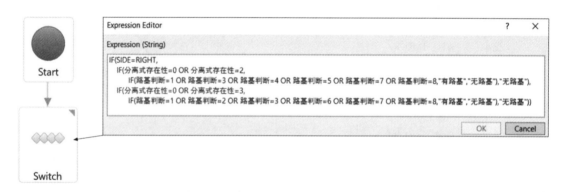

图 6-286　用 Switch 模块实现

（2）路堑墙构件挂接　路堑墙挂接逻辑如图 6-287 所示。

图 6-287　路堑墙挂接逻辑

路堑墙构件需要获取标记点用于挂接，在"1、数据接收"中创建辅助标记点，"Mark Name"属性设左侧 / 右侧边沟终点，完成后如图 6-288 所示。

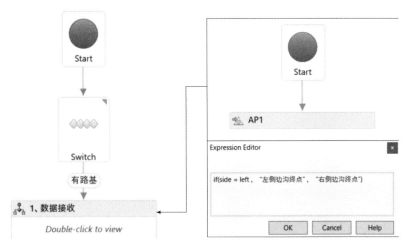

图 6-288 创建辅助标记点

（3）前处理模块 路堑墙构件的前处理模块包含三个部分，分别是：内部参数声明及赋值、代码设置、偏移目标设定，如图 6-289 所示。

在构件编辑器中创建一个工作流，命名为"2、前处理"，在其中再创建3个子工作流，分别命名为"内部参数声明及赋值""代码设置""偏移目标设定"，如图 6-290 所示。

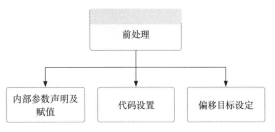

图 6-289 路堑墙前处理模块

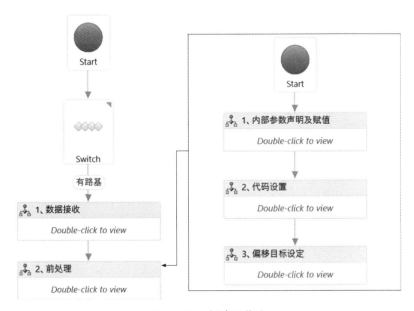

图 6-290 创建工作流

1）内部变量声明及赋值。这里声明的变量均指内部变量，在路堑墙构件中，涉及墙体尺寸的某些参数都可以在此子模块中进行声明并赋值。本例对路堑墙只进行外观制作，墙面和墙顶出露部分以及墙后填平是路堑墙的可见部分，部分变量需要根据实际情况取值，可以先声明变量，任意赋初值，在之后使用的时候再进行修改。

在"2、前处理"模块下的"内部参数及赋值"中，创建四个变量，如图 6-291 所示，变量设置见表 6-60。

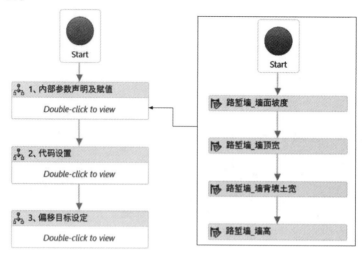

图 6-291　创建四个变量

表 6-60　变量设置

变量名	类型	初始值	备注
路堑墙 _ 墙面坡度	Double	0.25	
路堑墙 _ 墙顶宽	Double	0	
路堑墙 _ 墙背填土宽	Double	0	之后使用时根据情况赋值
路堑墙 _ 墙高	Double	0	

控制墙面坡度参数的名称为"路堑墙 _ 墙面坡度"，类型为 Double 类型，默认值为 0.25，读者可以将此值与输入参数（Input）结合，达到在 Civil 3D 中对墙面坡度修改的目的。其余参数由于受到实际情况影响而取值有所不同，读者可以将其余输入参数相结合，或者按照后文介绍的"按比例"的方式进行赋值。

2）代码设置。双击进入"代码设置"子模块，在此对之后要绘制路堑墙的结构点和连接的代码进行设置。由于路堑墙构件有左右侧的差别，因此在代码中要体现出来，为了避免在之后的绘图过程中对左侧、右侧路堑墙重复绘制，事先将点代码和连接代码设置为变量，并根据当前的左右侧信息自动变换取值。

路堑墙构件需要设置四个点代码，三个连接代码，见表 6-61，设置完成后如图 6-292 所示。

表 6-61　设置点代码和连接代码

变量名称	取值
路堑墙 _P1 点点代码	if（side = left ， "LQQ_L1" ， "LQQ_R1"）
路堑墙 _P2 点点代码	if（side = left ， "LQQ_L2" ， "LQQ_R2"）
路堑墙 _P3 点点代码	if（side = left ， "LQQ_L3" ， "LQQ_R3"）
路堑墙 _P4 点点代码	if（side = left ， "LQQ_L4" ， "LQQ_R4"）
路堑墙 _L1 连接代码	"路堑墙"
路堑墙 _L2 连接代码	"路堑墙"
路堑墙 _L3 连接代码	"路堑墙"

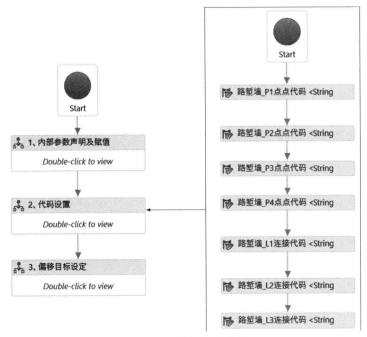

图 6-292　设置代码变量

3）偏移目标设定。路堑墙构件需要灵活控制墙体高度，参数修改只能修改某一横断面或某一整段区间的值，灵活性较差，

图 6-293　参数化控制路堑墙墙高

使用目标参数，能够实现在道路子段落内灵活操控结构物参数的效果，引入一个水平目标参数（Elevation），命名为"偏移线_路堑墙_墙高_V"，并创建一个辅助点指向目标参数，逻辑如图 6-293 所示，通过修改目标参数的高程值，传递给路肩墙墙高信息，如图 6-294 所示。

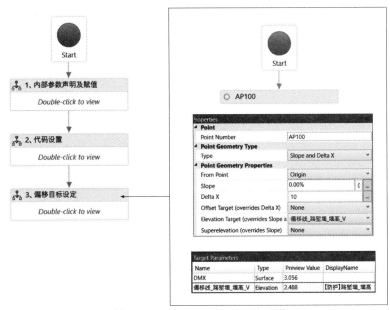

图 6-294　修改目标参数的高程值

拖移"偏移线_路堑墙_墙高_V"，若 AP100 跟随移动，说明设置成功，AP100 的高程值即为墙体高度。

（4）挡墙判断及墙高取值判断　要绘制路堑墙，首先要判断路堑墙的存在性，其次判断路堑墙是否设置在挖方路段。另外，本案例中的路堑墙的墙高取值有两种方式，读者可以选择通过水平目标参数来控制墙高，或者通过输入参数来控制墙身高度，最终选取何种方式，需要程序进行判断，总体逻辑如图 6-295 所示。

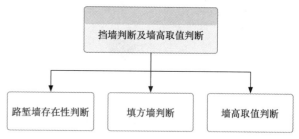

图 6-295　挡墙存在性与墙高取值判断

1）路堑墙存在性判断。根据边沟构件传入的"是否存在挡墙_路堑墙"的取值来判断是否存在路堑墙，并将判断结果存储在内部变量"Bool_路堑墙"中，编写结果如图 6-296 所示。

2）填方墙判断。若路堑墙的起点处高程在地面线之上，认为是填方墙，如图 6-297 所示，将判断结果存储在"Bool_填方墙"内部变量中，编写结果如图 6-298 所示。

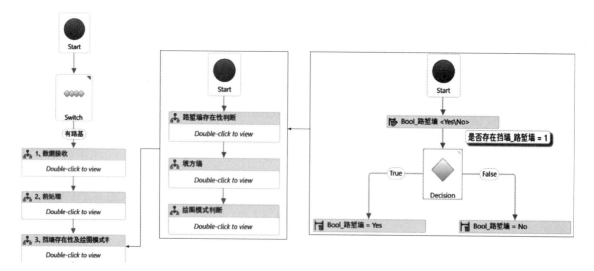

图 6-296　路堑墙存在性判断编写结果

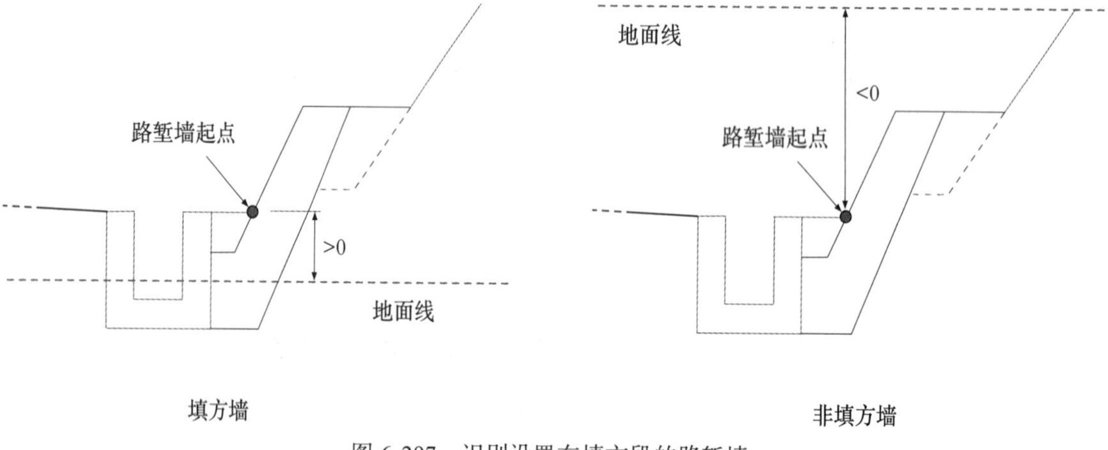

填方墙　　　　　　　　　　　　　　　　　非填方墙

图 6-297　识别设置在填方段的路堑墙

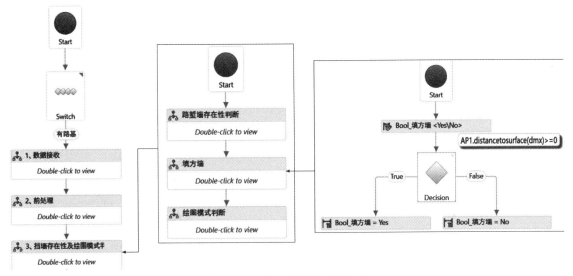

图 6-298　填方墙判断编写结果

3）墙高取值判断。路堑墙的墙高取值方式有两类：一类是根据读者指定输入参数"路堑墙_墙高 H1"来控制；另一种方式是通过拾取目标参数"偏移线_路堑墙_墙高_V"，通过目标参数的绝对高程来控制墙高，因第一类方式中的"路堑墙_墙高 H1"是具有默认值的，第二类方式中的目标参数需要读者在 Civil 3D 环境下绘制拾取后才生效，因此两类取值的方式的优先顺序为：默认使用"路堑墙_墙高 H1"参数作为绘制路堑墙的墙高参数，当识别到目标参数存在，且目标参数的绝对高程为正值时，取目标参数的绝对高程值作为绘图的墙高参数。

为便于后续编写，将以上逻辑判断结果存储在"Bool_墙高形式"的内部变量中，类型及取值见表 6-62，编写结果如图 6-299 所示。

表 6-62　类型及取值

变量名	类型	取值	备注
Bool_墙高形式	Double	1	墙高按"路堑墙_墙高 H1"取值
		2	墙高按"偏移线_路堑墙_墙高_V"绝对高程取值

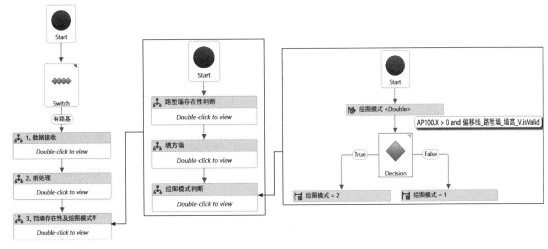

图 6-299　路堑墙绘图模式判断流程

（5）路堑墙绘图。有了以上的准备，再编写路堑墙构件的自身核心模块，该模块依据之前的变量取值进行路堑墙绘图。

路堑墙构件的绘图模式有两类：一类为存在路堑墙，结构点按正常尺寸设置，如图6-300所示；另一类为不存在路堑墙，结构点收缩至路堑墙起点（标记点），如图6-301所示。

图6-300　绘图模式一　　　　　　　图6-301　绘图模式二

区分两种绘图模式的依据为之前设置的两个内部变量——Bool_路堑墙、Bool_填方墙，前者决定了设计者是否决定在当前段落设置路堑墙，后者决定当前段落是否能够合理地设置路堑墙，当两个条件均满足时，构件以第一种方式绘图，否则以第二种方式绘图。

与其他挡墙构件不同的是，路堑墙的墙后填土部分是否需要绘制，有一定的设计标准，例如在本例中，若墙顶终点后方一定范围内全部为填方，则不进行填平，否则填平，如图6-302所示，这个范围使用输出参数"路堑墙_墙背填土宽d"来指定，读者可以在Civil 3D建模过程中随时修改这个值。

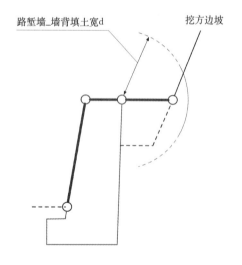

墙后一定范围内搜索到地面线——填平处理

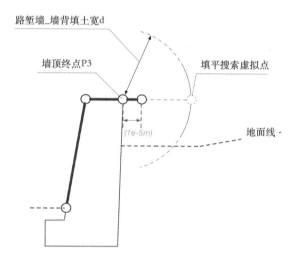

墙后一定范围内未搜索到地面线——收缩到墙顶终点

图6-302　墙背填土区域处理

可以看出，路堑墙绘图过程中有多处选择分支，其一是墙高取值，其二是墙背填平的处理方式，因此，在构件编写过程中，先使用辅助点（AP点）进行描点，当最终确定各个点的相对位置后，再创建附着于这些辅助点上的结构点（P点），完整的编写逻辑如图6-303所示。

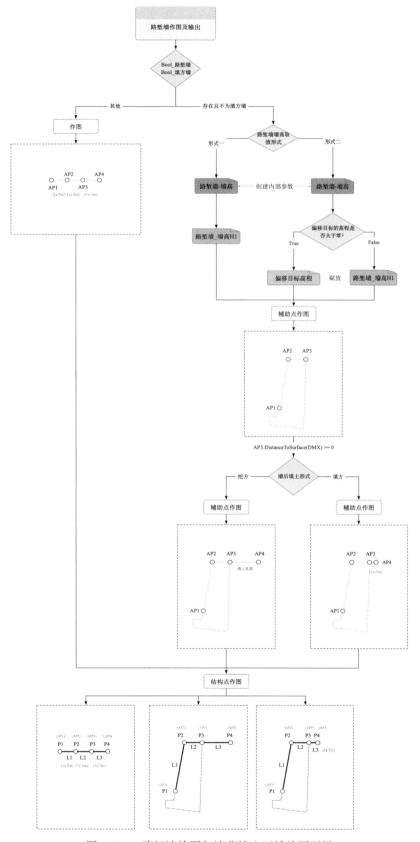

图 6-303　路堑墙绘图与墙背填土区域编写逻辑

在构件编辑器的主流程图中添加流程图模块，命名为"4、路堑墙绘制"，双击进入，添加 Decision 判断模块，该 Decision 模块用于判断路堑墙的绘图方式，在表达式一栏填入：

Bool_路堑墙 = Yes and Bool_填方墙 = No

之后在判断为 True 的分支下添加一个流程图模块（用于判断墙高的取值方式）和绘图 Sequence 模块，在判断为 False 的分支下只添加绘图 Sequence 模块，如图 6-304 所示。

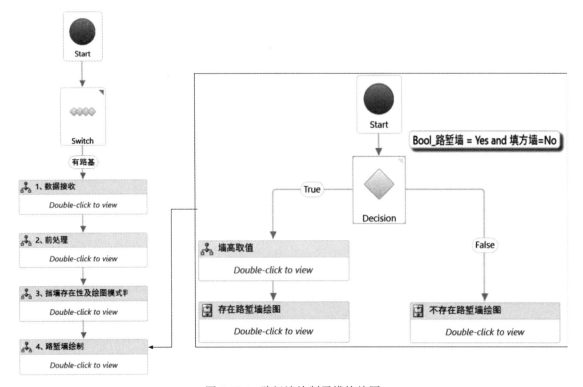

图 6-304　路堑墙绘制子模块编写

点击进入"墙高取值"子流程图，按图 6-305 所示进行编写，这里墙顶宽度取值是按照墙体高度有关的经验公式进行计算取值，读者可以根据实际情况对墙顶取值或将墙顶宽度设置为输入参数，也可以增加目标参数来控制墙顶宽度。

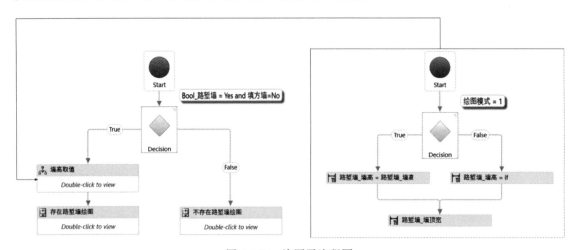

图 6-305　编写子流程图

回到"4、路堑墙绘制"父流程图，进行 Sequence 子模块编写。

1）路堑墙绘图模式一。双击"路堑墙正常绘制"Sequence 子模块，添加三个辅助点（Auxiliary Point），如图 6-306 所示。

图 6-306　添加辅助点

并对辅助点的属性进行设置，见表 6-63。设置完成后，将输入参数中的"是否存在挡墙 _ 路堑墙"修改为 1，将 DMX 高程设置为正值，就能在预览窗口观察到三个辅助点按照先前设置的数据组成路堑墙的控制点。

表 6-63　设置辅助点的属性

对象名	属性	值
AP101	Point Number	AP101
	Type	Slope and Delta Y
	From Point	AP1
	Slope	1/ 路堑墙 _ 墙面坡度
	Delta Y	路堑墙 _ 墙高
AP102	Point Number	AP102
	Type	Delta X and Delta Y
	From Point	AP101
	Delta X	路堑墙 _ 墙顶宽
	Delta Y	0
AP103	Point Number	AP103
	Type	Delta X and Delta Y
	From Point	AP102
	Delta X	路堑墙 _ 墙背填土宽 d
	Delta Y	0

以上完成了路堑墙墙体的绘制，接下来还需要对墙后填平部分进行编写，根据图 6-303 的思路，将其在构件编辑器中实现，在存在挡墙的分支下，添加一个 Decision 判断，以路堑墙墙顶终点 AP103 与地面线的高程差作为墙后填挖方的判断标准，如图 6-307 所示。

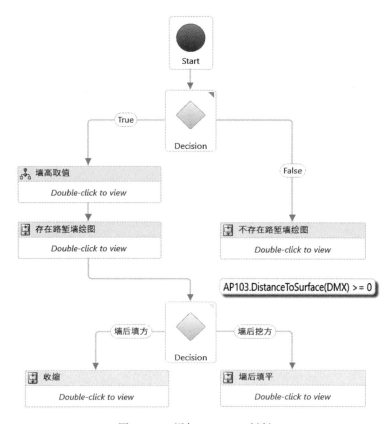

图 6-307　添加 Decision 判断

双击"墙后填平",编写第四个辅助点 AP104,设置见表 6-64。

表 6-64　设置辅助点 AP104（一）

对象名	属性	值
AP104	Point Number	AP104
	Type	Delta X and Delta Y
	From Point	AP103
	Delta X	路堑墙_墙背填土宽 d
	Delta Y	路堑墙_墙高

双击"收缩",编写第四个辅助点 AP104,设置见表 6-65。

表 6-65　设置辅助点 AP104（二）

对象名	属性	值
AP104	Point Number	AP104
	Type	Delta X and Delta Y
	From Point	AP103
	Delta X	1E-5
	Delta Y	路堑墙_墙高

2）路堑墙绘图模式二。双击"路堑墙收缩至起点"Sequence 子模块,添加四个辅助点（包

括墙后填平终点）。

对点属性进行设置，见表6-66，设置完成后，将"是否存在挡墙 _ 路堑墙"设置为0，会发现此时预览窗口的路堑墙墙面消失，只留下重叠在一起的辅助点。

（6）结构点设置　以上使用了辅助点对路堑墙墙体和墙后填土的定位，但是辅助点没有代码信息，只能作为辅助点使用，无法在 Civil 3D 中设置显示属性，将每一个辅助点用一个结构点附着，即可解决该问题，在存在路堑墙和不存在路堑墙的分支下创建同一个 Sequence 模块，在该 Sequence 中创建 4 个结构点（Point）和三条连接（Link），如图 6-308 所示。

表 6-66　设置四个辅助点

对象名	属性	值
AP101	Point Number	AP101
	Type	Delta X and Delta Y
	From Point	AP1
	Delta X	1E-5
	Delta Y	0
AP102	Point Number	AP102
	Type	Delta X and Delta Y
	From Point	AP101
	Delta X	1E-5
	Delta Y	0
AP103	Point Number	AP103
	Type	Delta X and Delta Y
	From Point	AP102
	Delta X	1E-5
	Delta Y	0
AP104	Point Number	AP104
	Type	Delta X and Delta Y
	From Point	AP103
	Delta X	1E-5
	Delta Y	0

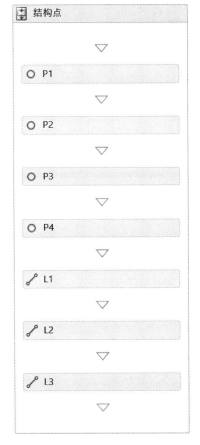

图 6-308　路堑墙标记点输出

点与连接的属性设置见表6-67。

表 6-67　点与链接的属性设置

对象名	属性	值
P1	Point Number	P1
	Point Codes	路堑墙 _P1 点点代码
	Type	Delta X and Delta Y
	From Point	AP101

对象名	属性	值
P2	Point Number	P2
	Point Codes	路堑墙_P2点点代码
	Type	Delta X and Delta Y
	From Point	AP102
P3	Point Number	P3
	Point Codes	路堑墙_P3点点代码
	Type	Delta X and Delta Y
	From Point	AP103
P4	Point Number	P4
	Point Codes	路堑墙_P4点点代码
	Type	Delta X and Delta Y
	From Point	AP104
L1	Link Number	L1
	Link Codes	路堑墙_L1连接代码，"路基曲面"
	Start Point	P1
	End Point	P2
L2	Link Number	L2
	Link Codes	路堑墙_L2连接代码，"路基曲面"
	Start Point	P2
	End Point	P3
L3	Link Number	L3
	Link Codes	路堑墙_L3连接代码，"路基曲面"
	Start Point	P3
	End Point	P4

（7）数据输出。上面的步骤完成了路堑墙构件的主体内容，构件实现了可根据是否存在挡墙以及是否存在挖方墙情况综合判断自动生成挡墙结构物，完成这部分流程后，路堑墙构件应当将边沟构件标记点输出，如图6-309所示，因为输出的内容相对较少，且没有涉及参数输出，因此可以简化编写，直接在路堑墙完成绘图后，将P4点作为挖方边坡构件标记点输出。

在路堑墙绘图后创建一个"Set Mark Point"，并按表6-68设置其属性，完成后见表6-68。

（8）附加功能。之前的六个步骤完成了路堑墙构件的主要功能，实现了路堑墙接收前置构件参数、自身运行以及向后置构件输出参数的功能。除此之外，还可以为构件增加一些附加功能，例如当路堑墙为填方墙时，可以在Civil 3D模型生成时向外输出报告，设计者可以在设计过程中发现这些缺陷。具体的操作步骤和相关原理，在路肩墙构件中已经进行了详细讲解，读者可以参考6.5.8节内容。

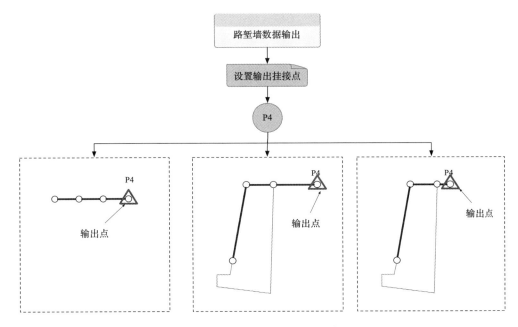

图 6-309　将边沟构件标记点输出

表 6-68　设置标记点属性

对象	属性	值
标记点（Set Mark Point）	Point Name	P4
	Mark Name	if（side = left，"左侧路堑墙终点"，"右侧路堑墙终点"）

6.10　边坡构件——挖方

6.10.1　构件参考图纸

路基挖方参考图纸如图 6-310 所示。

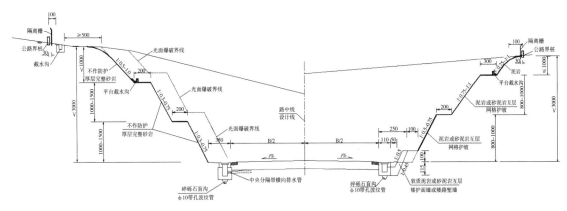

图 6-310　一般路基挖方示意图

6.10.2 构件定制内容及思路

当路基设计高程低于实际地面线时，根据具体的工程条件，从设计高程按照一定的边坡高度、边坡坡率，在每一级开挖边坡之间设置一定宽度的边坡平台，从开挖至原地面线所形成的边坡称为挖方边坡。

（1）构件内容　挖方边坡构件中包含挖方平台起点、边坡起点和边坡终点三个点，以及挖方平台、挖方边坡两条连接线，如图 6-311 所示。边坡高度、边坡坡率、边坡平台等可参数化修改。

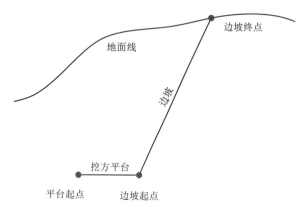

图 6-311　挖方边坡结构点线设置情况

（2）构件思路　每一级挖方边坡包含挖方平台起点、边坡起点和边坡终点三个点，以及挖方平台、挖方边坡两条线，即"三点两线"的点线结构。构件的总体思路是，对挖方边坡中的一级边坡进行设计，首先定义描述边坡特性的辅助点，并引入控制边坡高度、边坡坡度、平台宽度的偏移目标。其次将边坡的三个辅助点根据和地面线、剪切线等控制因素的位置关系进行逻辑判断，然后输出边坡中三点的具体位置，通过"三点"形成"两线"，最终通过辅助点的位置获取本级边坡的结构点位置，并将本级边坡的终点通过标记点的方式传递到下一级挖方边坡构件。

为实现多级挖方边坡，采用挖方边坡构件相互搭接的方式，并通过修改挖方构件的参数来定义其边坡级数，运用循环挂接形式，可以做到理论上边坡无限延伸，根据工程经验，挖方边坡设置为十级时便能满足实际工程需求。本构件中的最大边坡级数为十一级，当挖方边坡级数为十一级时，无论边坡终点是否到达地面线，均采用一坡到顶延伸到地面线上。除第一级边坡的挂接点为路堑墙的终点，其后每一级挖方边坡的起点都挂接在上一级边坡的终点上。

6.10.3 挖方构件组成情况

根据上节中挖方边坡构件的编写思路，对常见的挖方边坡标准图和工程实际情况进行分析，对于当前挖方边坡的逻辑判断分为不存在剪切线和存在剪切线两种情况，每一级挖方边坡分别由平台起点、边坡起点和边坡终点三点，以及挖方平台、挖方边坡两条线，即"两线三点"的点线结构组成。对边坡是否存在剪切线的连接组成判断如图 6-312 所示。

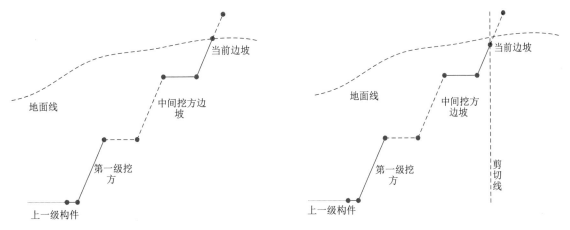

图 6-312　不存在剪切线、存在剪切线编写原则

当不存在剪切线时，根据当前挖方边坡于地面线的不同位置情况，分为继续下一级放坡，带平台放坡，一坡到顶，当前挖方级数为最大挖方级数四种不同情况，如图 6-313、图 6-314 所示。

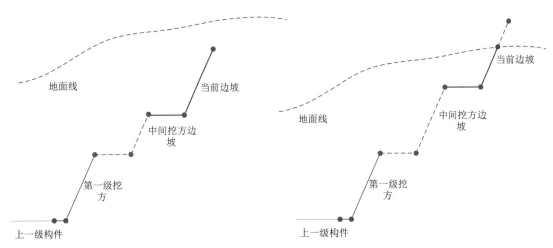

图 6-313　继续下一级放坡、带平台放坡编写原则

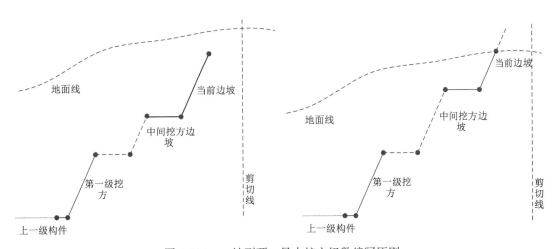

图 6-314　一坡到顶，最大挖方级数编写原则

当存在剪切线时，根据当前边坡与剪切线、地面线的位置关系，挖方边坡的组成情况分为剪切线位于边坡外、剪切线位于边坡上、剪切线位于平台上以及剪切线交于上一级边坡上四种情况，如图 6-315~ 图 6-317 所示。

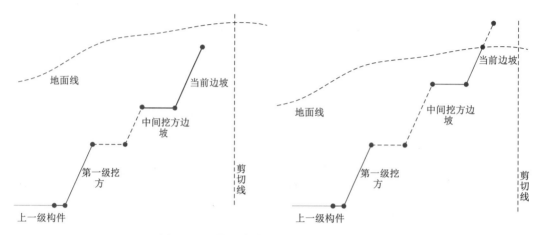

图 6-315　剪切线位于当前边坡外编写原则

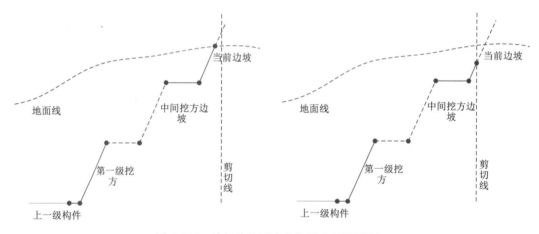

图 6-316　剪切线位于当前边坡上编写原则

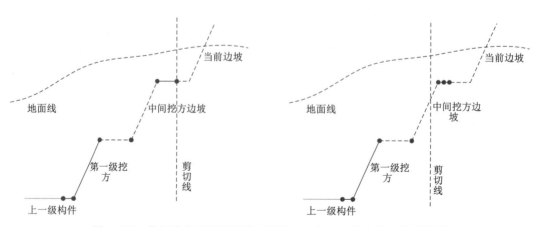

图 6-317　剪切线位于当前边坡上平台上、位于上级边坡上编写原则

按上述编写思路，挖方边坡的外观可见部分只需要使用每一级边坡的三个结构点（Point）和两条连接（Link）就可实现。三个结构点包括挖方平台起点、边坡起点、边坡终点，连接部分为平台、边坡。

6.10.4　构件参数输入及内部变量

构件的参数分为值参数和点参数两类，值参数分为输入参数和输出参数，点参数分为获取标记点和输出标记点，本节介绍挖方构件的输入参数设置和获取标记点设置。

（1）点参数接收（Get Mark Point）　设置获取标记点，能使构件接收其他构件传出的标记点，对于本书介绍的挂接式构件，通过设置输出标记点、获取标记点的组合形式，能够使构件之间通过标记点的形式结合在一起，实现"挂接"的效果，对于挖方边坡构件，需要获取的标记点见表 6-69。

表 6-69　标记点接收表

标记点类型	标记点名称	标记点序号	源构件
Auxiliary Mark Point	if（side=left，左侧边坡起点，右侧边坡起点）	AP1	填方边坡构件

（2）构件输入参数设置（Input）　构件输入参数（Input Parameter）可分为控制型输入参数和传递型输入参数两类，前者由使用者输入数值来对参数进行赋值，后者通过指定其接收其他构件输出的参数值来进行赋值。编写挖方构件所需的控制型输入参数、传递性参数见表 6-70、表 6-71。

表 6-70　控制性参数表

参数名称	参数类型	参数方向	默认数值	备注
Side	Side	Input	None	
是否继续	Double	Input	1	取值为 1 时，继续放坡，取值为 0 时，结束放坡
挖方坡度	Double	Input	1	当前边坡的宽度与高度的比值
挖方高度	Double	Input	10	当前边坡挖方高度
挖方平台宽度	Double	Input	2	当前边坡的路堑平台的宽度
挖方级数	Double	Input	2	当前挖方在整个装配中的级数
最大挖方级数	Double	Input	11	允许的最大边坡坡级

表 6-71　传递性参数表

参数名称	参数类型	参数方向	参数默认值	备注
剪切线存在性	Double	Input	0	接收【输入】-【路肩墙】-剪切线存在性
分离式存在性	Double	Input	0	接收【输入】-【路面】-分离式存在性
路基判断	Double	Input	0	接收【输入】-【路面】-路基存在性

（3）构件内部变量设置（Define Variable）　为避免重复编写赋值语句，将点代码、连接代码的值用内部变量代替，在赋值之前，对变量进行一次运算，使其符合当前情况的值，最终达到动态适应效果。挖方构件需要设置的内部变量见表 6-72。

表 6-72　构件参数设置一览表

变量名称	变量类型	变量默认值	备注
右侧边坡起点	String	第一级边坡为路堑墙终点，其余各级为上级边坡终点	
左侧边坡起点	String	第一级边坡为路堑墙终点，其余各级为上级边坡终点	
挖方平台宽度控制	String	2	
平台起点 P1	String	"WFBP_R1_1"	
边坡起点 P2	String	"WFBP_R1_2"	
边坡终点 P3	String	"WFBP_R1_3"	

6.10.5　构件偏移目标设置情况及功能

（1）本构件偏移目标设置情况　根据挖方边坡组成情况分析，结合工程实际情况和部件编辑器自身特点，本构件共拟定 Surface 目标 1 个、Elevation 偏移目标 3 个。具体信息及设置见表 6-73。

表 6-73　偏移目标设置表

名称	类型	默认值	备注	是否预览
DMX	Surface	12		TRUE
挖方坡度控制线	Elevation	1	【挖方】_S_坡率	TRUE
挖方高度控制线	Elevation	10	【挖方】_H_高度	TRUE
挖方平台宽度控制线	Elevation	2	【挖方】_W_平台	TRUE

（2）本构件偏移目标功能

1）地面线（DMX）：Surface 类型，用于确定地面高程信息的目标参数，模拟 Civil 3D 中的曲面对象，如地形、道路曲面等。

2）挖方坡度控制线：Elevation 类型，其逻辑目标为高度目标，当坡度控制线均存在时，其控制条件为坡度控制线的 Z 值，挖方坡度 =1：坡度控制线的 Z 值，如图 6-318 所示。

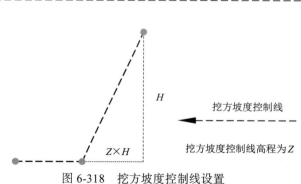

图 6-318　挖方坡度控制线设置

3）挖方高度控制线：Elevation 类型，其逻辑目标为高度目标，当输入参数边坡高度和高度控制线均存在时，挖方高度 = 坡度控制线的 Z 值，如图 6-319 所示。

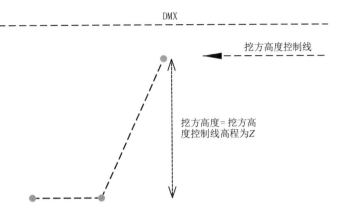

图 6-319　挖方高度控制线功能

4）挖方平台宽度控制线：Elevation 类型，其逻辑目标为高度目标，当输入参数挖方平台宽度和挖方平台宽度控制线均存在时，按照挖方平台宽度控制线的 Z 值进行控制，挖方平台宽度 = 坡度控制线的 Z 值，如图 6-320 所示。

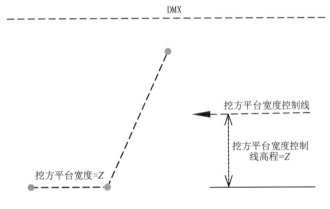

图 6-320　挖方平台宽度控制线功能

注：在挖方边坡构件参数化控制过程中，可以独立地使用任一控制参数以及相关控制参数的任意组合。

6.10.6　构件的参数输出

本挖方边坡构件为路基横断面装配中最后一级构件，不存在向外部构件输出参数，本构件中仅使用 Set Mark Point 工具对边坡终点进行输出，作为下一级边坡的挂接起点。具体的构件参数输出见表 6-74。

表 6-74　构件参数输出表

序号	Point Name	Mark Name	备注
1	AP100	左 / 右侧边坡起点	路肩墙 / 挖方边坡

6.10.7 构件代码组成

在三维模型的创建中，Civil 3D 道路的材质、显示信息及标注标签等功能，都是通过对构件代码应用来实现的。

（1）点代码设置（Point Codes） 本构件用于显示输出的结构点（Point）共计 66 个，固定点代码设置规则为"WFBP_L\R 边坡级数 _ 点编号"，分别为 WFBP_L1_1、WFBP_L1_2、WFBP_L1_3……WFBP_L11_1、WFBP_L11_2、WFBP_L11_3 和 WFBP_R1_1、WFBP_R1_2、WFBP_R1_3……WFBP_R11_1、WFBP_R11_2、WFBP_R11_3，如图 6-321 所示。

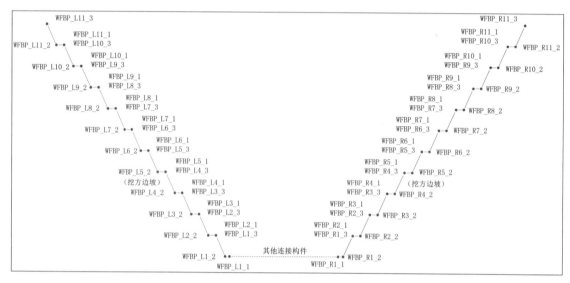

图 6-321　挖方边坡结构点线设置结果

（2）线代码设置（Link Codes） 本构件用于显示输出的连接线（Link）共计 4 条，线代码为挖方边坡、挖方平台、挖方桥边坡、挖方桥平台，输出的线代码均共用代码"路基曲面"。

6.10.8 构件编写过程

图 6-322 所示为挖方构件的主要工作流程。

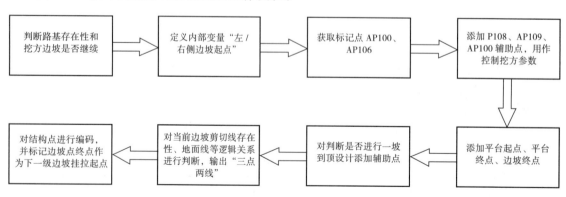

图 6-322　挖方构件的主要工作流程

（1）路基判断及偏移目标参数　根据 6.10.4、6.10.5、6.10.6 节，先对构件所必需的参数及偏移目标进行设置，如图 6-323、图 6-324 所示。

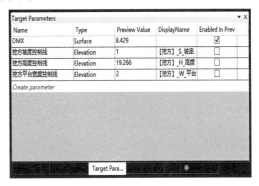

图 6-323　设置输入输出参数　　　　　　　图 6-324　设置对应偏移目标

（2）定义左 / 右边坡起点　内部变量名称为左 / 右侧边坡起点，设置变量类型为文本类型。第一级边坡起点为左 / 右侧路堑墙终点，当挖方级数不为 1 时，其挖方边坡的起点为上级一挖方边坡终点。图 6-325 所示为右侧挖方边坡起点的定义方法，另一侧与之类似。

（3）挖方边坡参数化设计辅助点

1）挖方边坡起点、剪切线点定义。获取边坡起点为当前挖方边坡构件的起始原点，"剪切线"点为剪切线控制点，如图 6-326 所示。

图 6-325　定义右侧边坡起点　　　　　　图 6-326　获取标记点

① AP100（Auxiliary Mark Point）：作为挖方边坡起点控制的插入点，AP100 获取标记点（"左侧边坡起点" 或 "右侧边坡起点"）的位置信息。

② AP106（Auxiliary Mark Point）：作为挖方边坡剪切线的插入点，AP106 获取标记点 "剪切线点" 的位置信息。

2）挖方边坡高度、坡度、平台宽度辅助点定义。边坡高度及坡度控制辅助点定义工作流程中，通过 Switch 多重判断定义控制高度、控制坡度，分别对辅助点 AP108、AP109 进行定义，如图 6-327 所示。

① AP108（Auxiliary Point）：作为控制挖方边坡高度的插入点，其高程值为高度目标 "挖方高度控制线" 的值。

② AP109（Auxiliary Point）：作为控制挖方边坡坡度的插入点，其高程值为高度目标 "挖方坡度控制线" 的值。

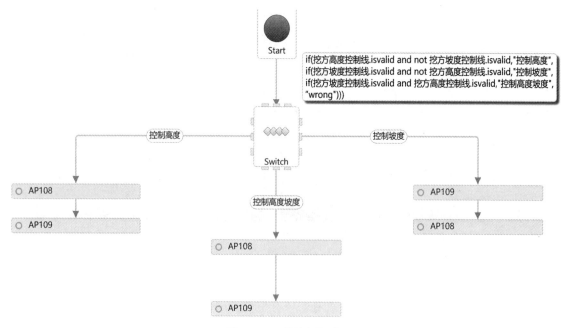

if(挖方高度控制线.isvalid and not 挖方坡度控制线.isvalid,"控制高度",
if(挖方坡度控制线.isvalid and not 挖方高度控制线.isvalid,"控制坡度",
if(挖方坡度控制线.isvalid and 挖方高度控制线.isvalid,"控制高度坡度",
"wrong")))

图 6-327　获取标记点

挖方边坡平台宽度辅助点定义工作流程中，通过 Switch 多重判断当挖方平台宽度控制线为有效条件时，插入辅助点 AP1000，如图 6-328 所示。

AP1000（Auxiliary Point）：作为控制挖方边坡平台宽度的插入点，其高程值为高度目标"挖方平台宽度控制线"；当挖方级数为 1 时，平台宽度为定义的输入参数 XX；当挖方平台控制线有效时，挖方平台宽度为 AP1000 的高程值；当挖方级数不为 1 且挖方平台控制线无效时，挖方平台宽度的值为输入参数。

3）挖方边坡辅助点定义。每一级挖方边坡可用平台起点、边坡起点、边坡终点三点，以及平台连接线、边坡连接线等几何特征描述，为方便后述中对各情况挖方边坡的讨论，引入 AP101、AP102、AP103 辅助点，及 AL1、AL2 辅助线来描述不同挖方高度、挖方坡度、平台宽度下挖方边坡的几何特性，典型的挖方边坡如图 6-329 所示。

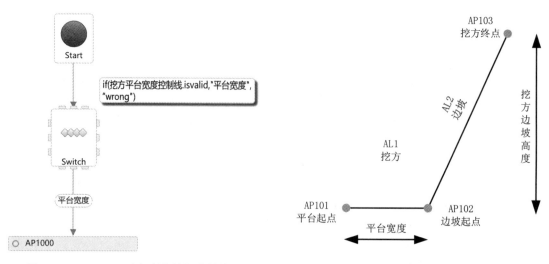

图 6-328　AP1000 平台宽度特性参数输入　　　图 6-329　典型的挖方边坡图示

定义辅助点 AP101、AP102、AP103 来实现当前挖方边坡与原地面线的高程关系，从而判断挖方边坡"三点两线"的具体位置关系：

① AP101（Auxiliary Point）：作为控制挖方边坡起点的插入点，其几何信息直接为标记点 AP100 的几何参数，AP101 与 AP100 的标高和相对的位置信息一致。

② AP102（Auxiliary Point）：位于 AP101 的正右方或正左方，其几何信息为 AP101 在 X 方向上偏移"挖方平台宽度控制"的长度；在 AP101 与 AP102 之间插入连接 AL1 作为辅助的挖方平台。

③ AP103（Auxiliary Point）：位于 AP102 的左上方或者右上方，其几何信息为 AP102（Type：Slope and Delta Y）沿着 Y 轴方向以一定的斜率和一定高度值作为控制条件；在 AP102 与 AP103 之间插入连接 AL2 作为辅助的边坡，如图 6-330 所示。

4）一坡到顶辅助点定义。通过挖方边坡终点与地面线的高程对比，来判断是否需要一坡到顶，可通过设置辅助点 AP104 和 AP105 来实现。通过 Switch 多重判断：当 AP101 到地面线的距离小于 −0.05、AP102 到地面线的距离小于 0 时，插入 AP104 和 AP105 点来判断边坡是否需要设置一坡到顶，如图 6-331、图 6-332 所示。

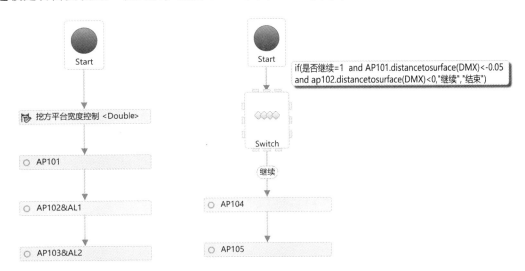

图 6-330 边坡终点 AP103 的参数　　　　图 6-331　判断一坡到顶辅助点流程图

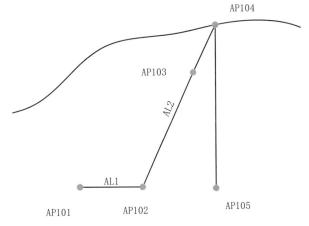

图 6-332　AP104、AP105 辅助点示意图

169

① AP104（Auxiliary Point）：位于 AP102 的左上方或者右上方，其几何信息为 AP102（Type：Slope to Surface）以一定的斜率到 DMX 的一个辅助点。

② AP105（Auxiliary Point）：位于 AP104 的正下方，平面上与 AP102 位于同一高程。

根据上述参数的添加，可以在预览图中查看定义的逻辑目标和辅助点的布置方式，以验证流程图运行是否正确。挖方边坡的逻辑目标、辅助点和辅助连接线的预览图如图 6-333 所示。

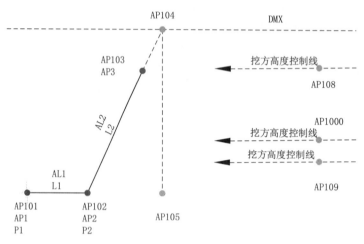

图 6-333　挖方构件的逻辑目标、辅助点和辅助连接线的预览图

（4）挖方边坡"三点两线"的输出　根据输入参数是否存在剪切线、挖方边坡与地面线的相交情况等逻辑关系，对不同条件下的边坡构件进行分类设计；最终输出 AP1、AP2、AP3 辅助点及 AL1 和 AL2 辅助线。部件编辑器中通过 Switch 和 If 条件判断语句完成逻辑判断，挖方边坡分类判断如图 6-334 所示。

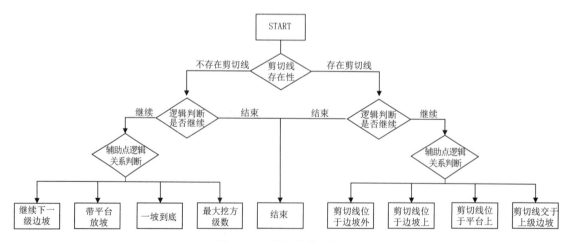

图 6-334　挖方构件逻辑图

1）不存在剪切线。当 Switch 多重判断不存在剪切线时，本级边坡中参数"是否继续"=1、AP101 到地面线小于 −0.05、AP102 到地面线的距离小于 0 均成立时，边坡继续放坡，否则结束放坡，三点将以极小值汇成一点，如图 6-335 所示。

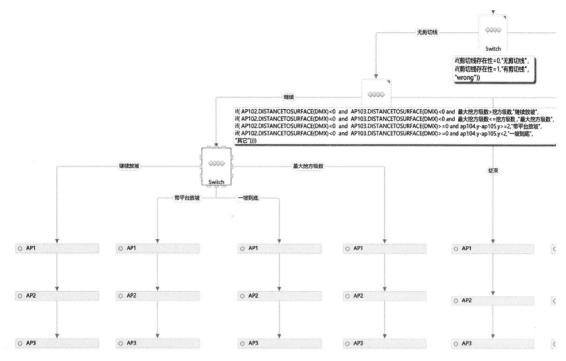

图 6-335　挖方边坡不存在剪切线编写逻辑示意图

①当同时满足 AP102 到地面线的距离小于 0、AP103 到地面线的距离小于 0、最大挖方级数 > 挖方级数时，本条件下继续放坡。

注：此时输出点 AP1 与 AP101 重合，AP2 与 AP102 重合，AP3 与 AP103 重合。

②当同时满足 AP102 到地面线的距离小于 0、AP103 到地面线的距离小于 0、最大挖方级数 ≤ 挖方级数时，此时当前挖方边坡达到最大挖方级数，无论边坡终点是否到达地面线均按照边坡坡率放坡到地面。

注：此时挖方边坡级数为最大级数 11 级，输出点 AP1 与 AP101 重合，AP2 与 AP102 重合，AP3 与 AP104 重合。

①、②情况下挖方边坡逻辑如图 6-336 所示。

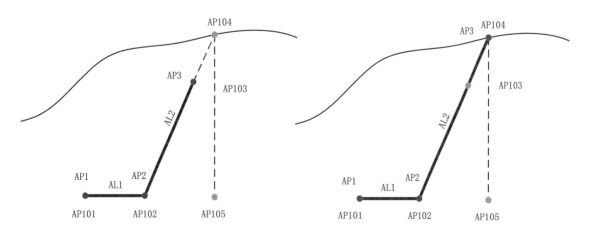

图 6-336　①、②情况下挖方边坡逻辑示意图

③当同时满足 AP102 到地面线的距离小于零、AP103 到地面线的距离大于或等于零、

AP104 的高程减去 AP105 的高程大于或等于 2 时，当前挖方边坡的边坡与地面线相交。

注：此时为带平台放坡，输出点 AP1 与 AP101 重合，AP2 与 AP102 重合，AP3 与 AP104 重合。

④当同时满足 AP102 到地面线的距离小于零、AP103 到地面线的距离大于或等于零、AP104 的高程减去 AP105 的高程小于 2 时，本级采用一坡到顶进行放坡。

③、④情况下挖方边坡逻辑如图 6-337 所示。

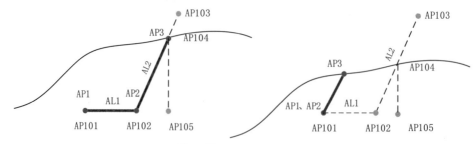

图 6-337　③、④情况下挖方边坡逻辑示意图

2）存在剪切线。当前条件下，类似前述不存在边坡剪切线的分析，多引入剪切线影响因素，分别对剪切线点与本级挖方辅助点的位置关系判断，分剪切线位于边坡外、剪切线位于边坡上、剪切线位于平台上、剪切线交于上一边坡上进行论述，如图 6-338 所示。

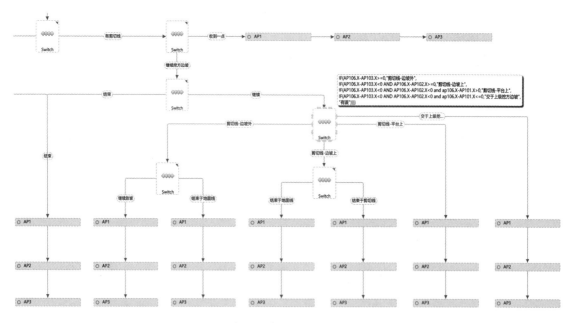

图 6-338　挖方边坡存在剪切线编写逻辑示意图

①当前切线点 AP106 横坐标大于边坡 AP103 的横坐标时，此时剪切线位于挖方边坡外。当 AP103 到地面线的距离小于 0 时，继续放坡；当 AP103 到地面线的距离大于或等于 0 时，在本级放坡后结束于地面线，如图 6-339 所示。

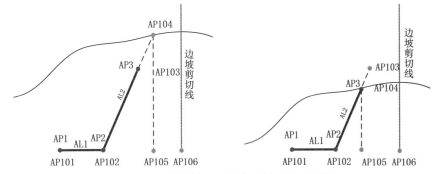

图 6-339　①类情况下挖方边坡逻辑示意图

②当前切线点 AP106 横坐标大于边坡 AP102 的横坐标时且小于 AP103 的横坐标时，此时剪切线位于挖方边坡的边坡上。根据剪切线的位置，分剪切线位于放坡外和剪切线位于放坡上，如图 6-340 所示。

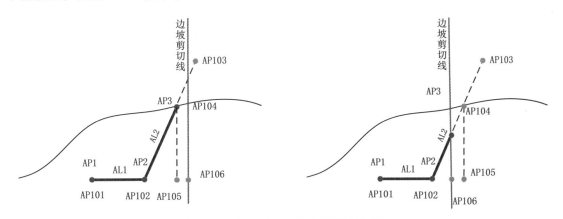

图 6-340　②情况下挖方边坡逻辑示意图

③当前切线点 AP106 位于 AP101 和 AP102 之间时，此时剪切线位于边坡平台上，如图 6-341 所示。

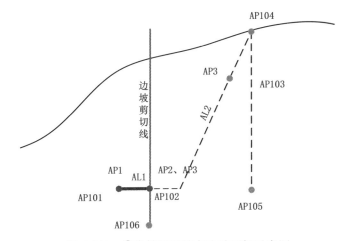

图 6-341　③类情况下挖方边坡逻辑示意图

④当剪切线点 AP106 的 X 值小于 AP101 时，此时边坡三点以极小值汇到一点，如图 6-342 所示。

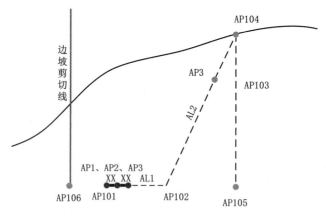

图 6-342 ④类情况下挖方边坡逻辑示意图

（5）点线代码的设置及结构点的附着（Point） 根据上述边坡中 AP 辅助点，将结构点 Point 附着到对应的辅助点 Auxiliary Point 上，通过 Link 链接构成结构线，再写入已经设置好的代码变量，从而形成最终构件的结构点线，具体的点线代码见 6.10.7 节。

第7章　装配创建与组合

装配创建与组合总流程如图 7-1 所示。

图 7-1　装配创建与组合总流程

公路工程构件编制完成后，导入 Civil 3D 进行组合，使其成为一个完整的装配。

装配的创建需要使用定制的模板（*.dwt），首先使用 Civil 3D 菜单栏的管理——输入，将定制模板导入，如图 7-2 所示。

图 7-2　模板导入

弹出对话框，选择"高速公路主线道路构件装配包含代码样式集 .dwt"，导入定制模板，如图 7-3 所示。

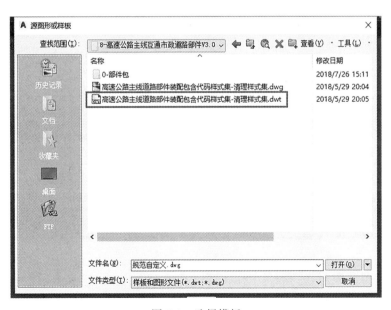

图 7-3　选择模板

若没有模板文件，首先要进行模板定制，模板定制主要是将装配特性中第三个选项卡"代码"中的样式和渲染材质进行定制，如图 7-4 所示。代码样式集定制过程与构件编写过程对应，分为"连接"定制、"点"定制两部分。其中"样式"是定制连接或结构点在 Civil 3D 中的显示属性，渲染材质按图 7-4 设置。

设置了材质的连接，在 InfraWorks 中就能查看并修改，若连接的材质设置为"＜无＞"，则在 InfraWorks 中无法观察到该连接，也无法对其进行修改。

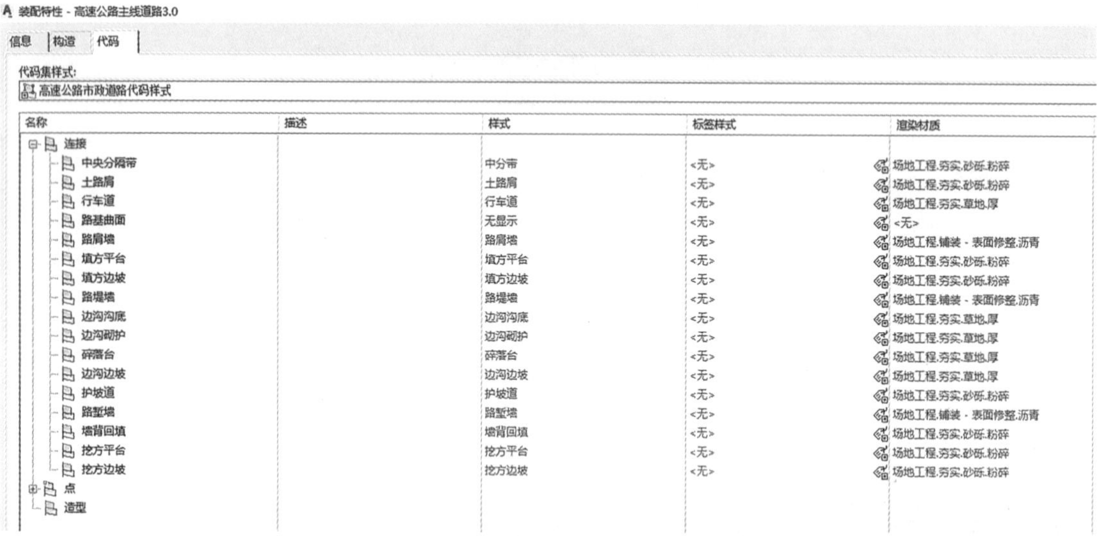

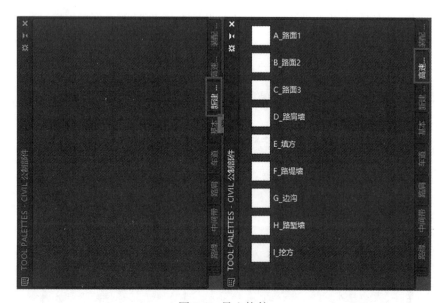

图 7-4　代码样式集定制

随后，使用快捷键 Ctrl+3 调出"TOOL PALETTES-CIVIL 公制构件"选项卡，右键单击图 7-5 所示位置新建选项卡，随后右键单击自定义的选项卡，导入制定好的公路工程构件。

图 7-5　导入构件

这样就做好了装配创建的准备工作，可以开始创建装配，选择菜单栏常用选项卡下的装配——创建装配，在 Civil 3D 绘图空间非建模区任意位置创建装配中心点，按照构件的 A 至 I 的顺序依次添加构件至装配，本次构件编制为"六填方十一挖方"，即单侧填方构件需要添加六次，挖方构件需要添加十一次，组合成完整的公路工程构件，如图 7-6 所示。

图 7-6　装配组合图示

名称修改后，确定保存一下再次打开装配特性进行参数配置，此步骤避免修改不成功。

由于本构件采用多构件组合形式，参照 6.2.3 节中结构点的编写原则可知，本构件体系各构件体之间进行点参数或者构件参数的传递，以保证构件实现其功能，传递主要通过装配特性中"构造"选项卡下的"输入值"中进行选择，对需要接收输入值的"值名称"进行了统一规范的命名，其规则如图 7-7 所示。

输入值（Input Parameter）的详细设置见表 7-1。

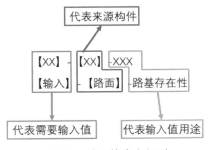

图 7-7　输入值命名规则

表 7-1　装配输入值配置表

构件名称	输入值			备注
	值名称	参数引用使用	获取值自	
A_路面 1	无	无	无	
B_路面 2	路幅代码	√	A_路面 1.路幅代码	
C_路面 3	路幅代码	√	A_路面 1.路幅代码	
D_路肩墙 -R	【输入】-【路面】- 路基存在性	√	A_路面 1.路基存在性	
E_填方 -R1~6	【输入】-【路肩墙】- 挡墙存在性	√	D_路肩墙 -R.挡墙存在性	
	【输入】-【路肩墙】- 剪切线存在性	√	D_路肩墙 -R.剪切线存在性	
	【输入】-【路肩墙】- 路堤墙距离	√	D_路肩墙 -R.路堤墙距离	
	【输入】-【路面】- 路基存在性	√	A_路面 1.路基存在性	

表头说明：高速公路主线道路 V3.0 装配输入值表格

高速公路主线道路 V3.0 装配输入值表格

构件名称	输入值			备注
	值名称	参数引用使用	获取值自	
F_ 路堤墙 -R	【输入】-【路面】- 路基存在性	√	A_ 路面 1. 路基存在性	
	【输入】-【填方边坡】- 路堤墙类型	√	E_ 填方 -R1. 路堤墙类型	
	【输入】-【路肩墙】- 挡墙存在性	√	D_ 路肩墙 -R. 挡墙存在性	
G_ 边沟 -R	【输入】-【路肩墙】- 挡墙存在性	√	D_ 路肩墙 -R. 挡墙存在性	
	【输入】-【路肩墙】- 剪切线距离	√	D_ 路肩墙 -R. 剪切线距离	
	【输入】-【路面】- 路基存在性	√	A_ 路面 1. 路基存在性	
	【输入】-【路肩墙】- 剪切线存在性	√	D_ 路肩墙 -R. 剪切线存在性	
H_ 路堑墙 -R	【输入】-【路面】- 路基存在性	√	A_ 路面 1. 路基存在性	
	【输入】-【边沟】- 路堑墙存在性	√	G_ 边沟 -R. 路堑墙存在性	
I_ 挖方 -R1~11	【输入】-【路面】- 路基存在性	√	A_ 路面 1. 路基存在性	
	【输入】-【路肩墙】- 剪切线存在性	√	D_ 路肩墙 -R. 剪切线存在性	

注：左侧参照右侧输入值进行修改，在此不做赘述。

以 "E_ 填方 -R1" 为例进行配置，其余配置参照执行。

E_ 填方 -R1 需要将 "【输入】-【路肩墙】- 挡墙存在性、【输入】-【路肩墙】- 剪切线存在性、【输入】-【路肩墙】- 路堤墙距离、【输入】-【路面】- 路基存在性" 的参数引用使用勾选，获取值分别为 "D_ 路肩墙 -R. 挡墙存在性、D_ 路肩墙 -R. 剪切线存在性、D_ 路肩墙 -R. 路堤墙距离、A_ 路面 1. 路基存在性"，如图 7-8 所示。

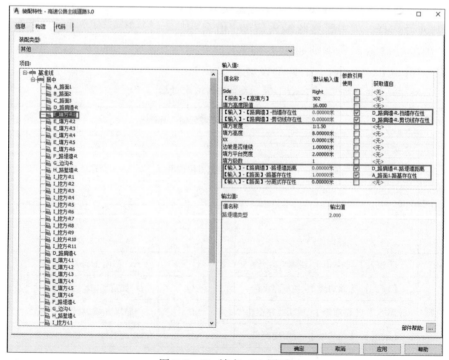

图 7-8　E_ 填方 -R1 图示

每个构件的参数如填方坡度、填方高度、填方平台宽度等均可在装配特性中修改成固定值，也可通过构件功能进行实时修改。

　　至此，右侧构件设置完成，左侧构件类比进行相似设置，需注意区分左右侧构件获取值，就可以将高速公路主线道路装配创建组合完成待使用，高速公路主线道路装配 V3.0、高速公路互通道路装配 V2.0 组合完成如图 7-9 所示。

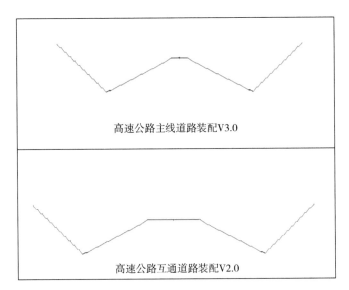

图 7-9　装配组合示意图

装配的创建与组合完成后，如何使用见第 8 章构件的实例应用。

第8章 构件的实例应用

本章内容主要为装配在工程项目中的应用。介绍了不同装配的加载过程，生成道路模型中的具体过程，通过设置采样线，生成横断面图，帮助读者更加直观地了解装配的作用及应用过程。最后将道路模型导入 InfraWorks，展示模型效果。

8.1 案例介绍

G4216 线宁南至攀枝花段高速公路项目（沿江高速）是《国家公路网规划（2013 ~ 2030 年）》中 G4216 成都至丽江高速公路的一段，也是《四川省高速公路网规划（2014 ~ 2030 年）》"16、8、8"高速公路网中成都至沐川至攀枝花至云南高速公路、新市至习水高速公路的重要组成部分。项目起于凉山州宁南县城南侧黑泥沟，顺接 G4216 线金阳至宁南段高速公路，经宁南县新华乡、石梨乡，会东县城、姜州镇、小坝乡，会理县城、鹿场镇、白鸡乡、攀枝花盐边县红格镇，止于仁和区，顺接 G4216 线攀枝花至丽江段高速公路，初步设计路线全长 171.214km。

宁攀高速沿线地质结构复杂，地势起伏较大，路基断面形式多样。根据不同的断面形式，笔者用各类不同功能的构件组成形式多样的装配，从而适应工程的实际需要，最终使得道路模型呈现出与施工实际一致的效果。

8.2 工作流程和思路

首先笔者打开 Civil 3D，按照第 7 章所述方法新建 .dwg 文件，并组建装配。新建的 DWG 文件中已经包含了笔者常用的装配集，如"高速公路主线道路装配""高速公路互通道路装配"等，如图 8-1 所示。笔者可以根据工程实际调用不同的构件来创建道路模型。

任意点开一个装配的"装配特性"，如打开"高速公路主线道路装配 V3.0"的"装配特性"，笔者可以看到此装配的构造及代码。

点击弹出对话框中的"构造"，笔者可以看到此装配的集成方式，它分别由"路面""挡墙""多级挖方""多级填方""边沟"等构件集合而成，由内部"点"与"线"的逻辑关系互相关联，并通过构件间"输出

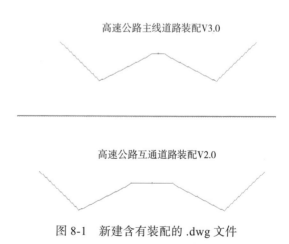

高速公路主线道路装配V3.0

高速公路互通道路装配V2.0

图 8-1 新建含有装配的 .dwg 文件

值"与"输入值"互为因果，形成一个整体的装配。如图 8-2 中，笔者可以调整构件中的自动化参数，如"路幅宽度""填方坡比"等，从而实现实际的工程目的。此外，通过是否勾选"参数引用使用"项目，实现构件自上而下的逻辑传递。在此装配中，笔者分别设置了 11 级填方边坡及 11 级挖方边坡，理论上，还可以加载更多级数的填挖方边坡，这已超出了实际的工程需求，但在工程的前期设计阶段，可通过道路模型排查出"大填大挖"的不合理的工程状况。

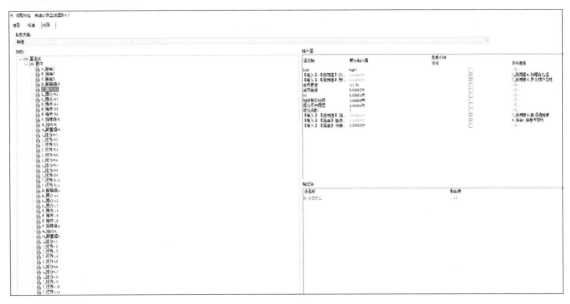

图 8-2　装配特性面板

在"装配特性"对话框中的"代码"中，如图 8-3 所示，可以看到此装配中的所有代码。在道路模型及横断面图中，主要是"连接"代码起到显示效果，可以在此设置"连接"代码样式，形成符合个人习惯或单位规则的道路模型样式和出图规则。可任意选择各"连接"代码的"渲染材质"，此设置项主要是实现之后将道路模型导入 InfraWorks 后设置材质的功能。"点"代码可不设置，具体功能详见前述章节。

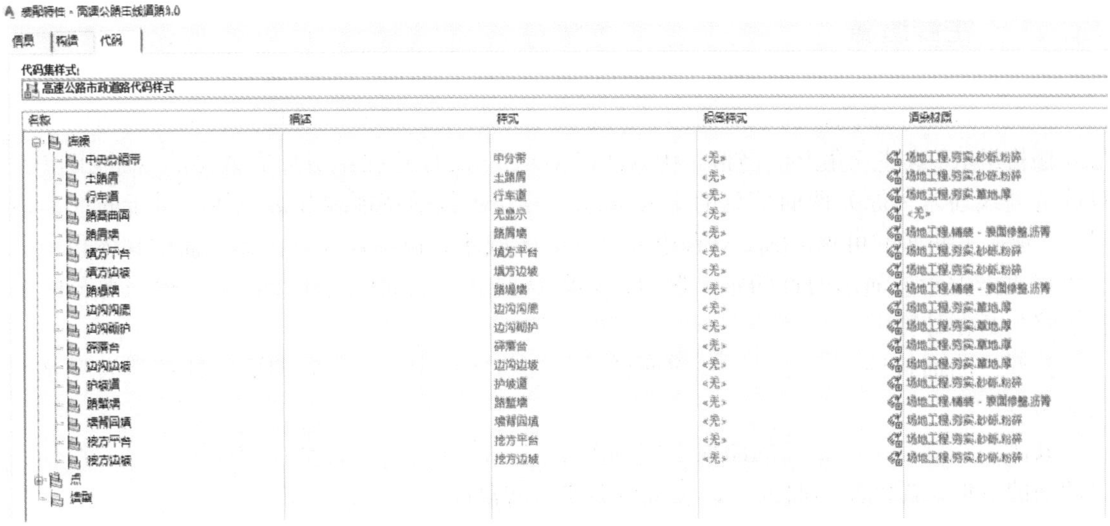

图 8-3　代码设置

在"代码样式集"中，笔者集成了所有装配中出现的可影响道路模型及横断面图显示的代码，组成了"高速公路市政道路代码样式"，具体代码及代码样式见表 8-1。在下文的所有道路模型及横断面图中，均使用该代码样式集。

表 8-1　高速公路市政道路代码及样式

编号	连接代码	样式	编号	连接代码	样式
1	中分带	红色	19	碎落台	洋红色
2	中分带_立缘石	红色	20	行车道	红色
3	中央分隔带	红色	21	超挖区域	棕色
4	人行道	红色	22	路基曲面	无
5	人行道_立缘石	红色	23	路堑墙	黄色
6	侧分带	红色	24	路堤墙	黄色
7	侧分带_立缘石	红色	25	路桥过渡段_挡墙	黄色
8	土路肩	红色	26	路桥过渡段_辅助路面	红色
9	填方平台	绿色	27	路肩墙	黄色
10	填方边坡	绿色	28	路肩墙核查（过高）	红色
11	墙背回填	黄色	29	路面曲面	无
12	护坡道	洋红色	30	车行道	红色
13	挖方平台	青色	31	辅道	红色
14	挖方桥平台	红色	32	边沟沟底	洋红色
15	挖方桥边坡	红色	33	边沟砌护	洋红色
16	挖方边坡	青色	34	边沟边坡	洋红色
17	桥梁	黄色	35	非机动车道	红色
18	硬路肩	红色			

8.2.1　主线道路

首先，参照宁攀高速的地形曲面，曲面是土地某个区域的三维几何表示。曲面由三角形或栅格组成，这些三角形或栅格是由 AutoCAD Civil 3D 连接组成曲面数据的点而创建的。点或等高线通常为原始曲面信息的主要部分，另外还包括特征线和边界线。对于曲面的边界：其定义了曲面的可见区域。只有边界以内的区域才会包括在计算例如总面积和体积中。也可以出于编辑或演示的目的定义遮罩，以隐藏或显示曲面的若干个部分。但该部分的面积仍将包括在计算中。

打开"曲面特性"，可以设置曲面样式，在本项目中，笔者将曲面样式调整为只显示曲面边界。

其次，将含有平纵信息的路线参照到图形中，检查路线是否都在曲面范围内，若有超出曲面的情形，需调整曲面大小，使得地形曲面的范围完全覆盖路线。

再次，根据设计资料绘制偏移线，如桥梁偏移线、隧道偏移线、挡墙偏移线等，注意偏移线的有效范围，为之后的创建道路装配拾取偏移目标提供依据。

最后，创建道路，如图 8-4 所示，选择做道路模型的路线及其纵断面，选择笔者所需要的装配，并选择"目标曲面"，点击确定。

在弹出的对话框中，如图 8-5 所示设置道路模型的起止桩号，并设定频率。一般的，可将高速公路主线道路的频率设置为10，互通道路的频率设置为 5，如图 8-6 所示。

在对话框"目标"中，设置参数目标，拾取偏移线，将工程信息通过参数设置和偏移线拾取传达给装配。装配中的点、线通过内部逻辑关系以及与曲面的运算关系，最终得到道路模型。

在图 8-7 中，根据工程实际，可为该创建道路设置对象目标。在"曲面"一栏中，全部设定为该项目地形曲面。在各类构件参数目标中拾取之前画好的目标偏移线并点击确定，系统将自动生成设置区间内的道路模型，并根据拾取的目标偏移线情况，自动判定桥梁段、隧道段、挡墙段等不同断面形式，生成与设计图纸相符的道路模型。

生成一段沿江高速公路的主线道路模型，并通过设置采样线，生成横断面图，来实现由装配生成道路模型的功能。生成的模型可在软件内直接查看效果，下面为几个典型断面的案例。

图 8-4　创建道路

图 8-5　道路创建设置

特性	值
⊞ **道路信息**	
⊟ **水平基准线**	
沿切线	10.000米
沿曲线	按增量
曲线增量	10.000米
中点垂距定义曲率	0.100米
沿缓和曲线	10.000米
在平曲线点处	否
在超高临界点处	否
⊟ **垂直基准线**	
沿竖曲线	1000000.000米
在竖曲线点处	否
在高/低点处	否
⊟ **偏移目标**	
在偏移目标曲线点处	否
相邻偏移目标起点/终点	是
沿偏移目标曲线	<无>
曲线增量	25.000米
中点垂距定义曲率	0.100米

图 8-6　步长设置

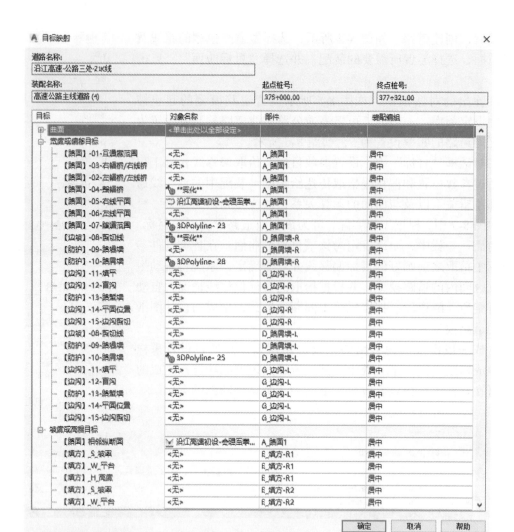

图 8-7　道路目标设置

（1）主线整体式挖方路基　图 8-8 是由"高速公路主线道路装配"在路线与曲面的基础上，在各类偏移线的约束下，生成的整体式路基挖方段道路模型。路线走向为从左至右，从图中可以看到，有蓝色的桥梁偏移线、绿色的路肩墙偏移线，通过设置代码样式，路基路面颜色为红色，桥梁路面颜色为黄色，挖方边坡为青色，同时，在设置路肩墙的道路左幅，道路不放坡。在前述"道路特性"的"目标"中，笔者可以设置不同的边坡高度参数及坡率参数，由此控制坡高及坡率，从而与实际的设计图纸相吻合。设置采样线，生成路基横断面图，如图 8-9 所示。在图中，路面颜色为红色，挖方边坡为青色，边沟为洋红色。

（2）主线整体式路基路肩墙段　在上例中，设置了绿色的路肩墙偏移线，如图 8-10 所示，设置一条采样线，生成横断面图如图 8-11 所示，路面颜色为红色，挖方边坡为青色，边沟为洋红色，路肩墙为黄色。

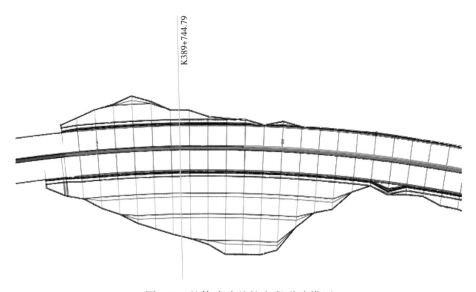

图 8-8　整体式路基挖方段道路模型

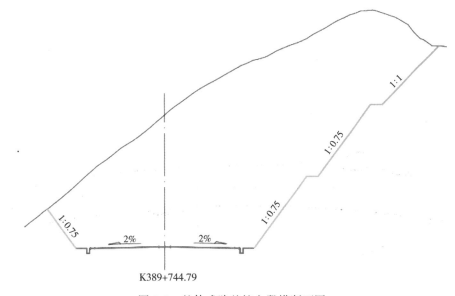

K389+744.79

图 8-9　整体式路基挖方段横断面图

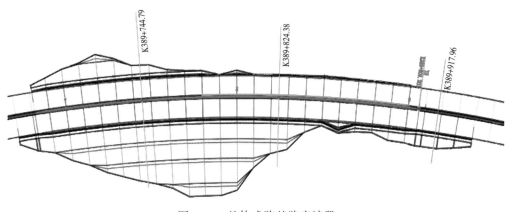

图 8-10　整体式路基路肩墙段

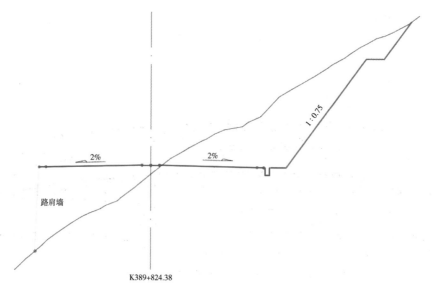

图 8-11　整体式路基路肩墙横断面图

（3）主线整体式路基挖方桥段　上例中，在设置的蓝色桥梁偏移线的范围内，生成的道路模型中的路面颜色为黄色。需要注意的是，在部分挖方边坡与桥梁段的衔接处会有"挖方桥"的情况出现，因此在这些超挖区域，其颜色被定义为棕色以示区分。如图 8-12 所示，设置一条采样线，生成横断面图如图 8-13 所示，桥梁路面颜色为黄色，挖方边坡为青色，边沟为洋红色，超挖范围为棕色。

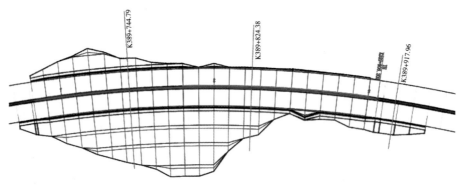

图 8-12　整体式路基"挖方桥"范围

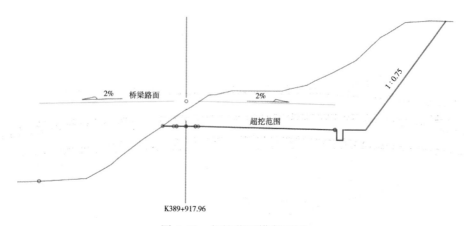

图 8-13　超挖范围横断面图

（4）主线整体式填方路基　图 8-14 是由"高速公路主线道路装配"在路线与曲面的基础上，在各类偏移线的约束下，生成的道路模型，路线走向为从左至右。在此图中，路面为红色，填方边坡为绿色。图 8-15 是设置采样线后，生成的路基横断面图。

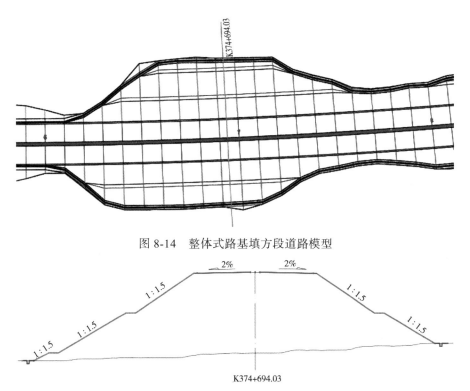

图 8-14　整体式路基填方段道路模型

图 8-15　整体式路基填方段横断面图

（5）主线整体式路基桥梁段　图 8-16 是由"高速公路主线道路装配"在路线与曲面的基础上，在桥梁偏移线的约束下，生成的道路模型。路线走向为从上至下。可以看到，笔者设置了一条蓝色的桥梁偏移线，在前述"道路特性"的"目标"中，在"【路面】- 整幅桥"选项中，选择事先根据桥梁一览表设置的整幅桥梁偏移线，如图 8-18 所示，装配经过逻辑传递，仅生成桥梁路面。在此，边坡、边沟等构件不会绘制点线。图 8-17 为整体式路基桥梁段的横断面图，图中只有桥梁路面线被绘制，其余的逻辑点均落在地面线上，且不连线。这样，生成的道路模型仅含有桥梁路面，桥梁结构可用 Revit 软件绘制。

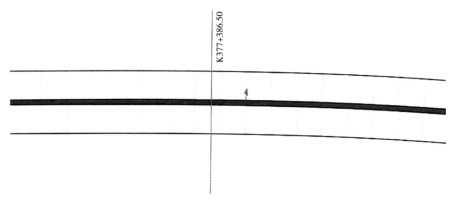

图 8-16　整体式路基桥梁段道路模型

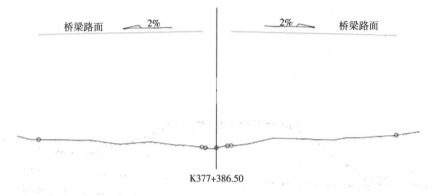

图 8-17　整体式路基桥梁段横断面图

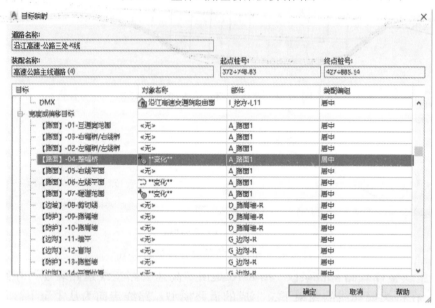

图 8-18　拾取整幅桥桥梁偏移线

（6）主线分离式路基隧道段　图 8-19 是用"高速公路主线道路装配"生成的道路模型。路线走向为从左至右，此路段为主线分离式路基段落。可以看到，笔者事先已经根据隧道一览表中的隧道起止桩号，在图中绘出了路线左幅、右幅的隧道偏移线，如图 8-19 黄色线段所示，在上述"道路特性"的"目标"中，【路面】-隧道范围的选项中选择相对应的隧道偏移线，装配经过内部逻辑传递，仅生成隧道路面，如图中蓝灰色线段所示。边坡、边沟等构件不会绘制点线。图 8-20 为该隧道某断面的横断面图，图中采样线以右线为基准，从图中可看到只有隧道路面线被绘制，路面颜色为蓝灰色。

　　分离式路基桥梁段的情形与分离式路基隧道段类似，仅仅是偏移线拾取对象不同，此处不再举例说明。

　　（7）分离式路基挡墙段　图 8-21 是以左线为路线，路线走向为从左至右，以"高速公路主线道路装配"生成的道路模型。此时并未添加挡墙偏移线，根据填方构件中输入的填方边坡高度坡率，路基段正常放坡至地形曲面。在此图中值得注意的是，路基段的小桩号方向设置了蓝色的桥梁偏移线，道路模型生成了桥梁路面，以黄色线段表示；路基段大桩号方向设置了黄色的隧道偏移线，道路模型只生成了隧道路面，以蓝灰色线段表示，填方边坡为绿色表示。图 8-22 为左线分离式路基段在未设置挡墙时的横断面图。

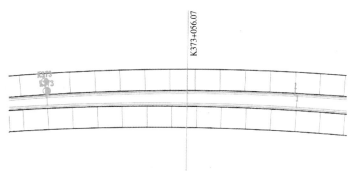

图 8-19 分离式路基隧道段道路模型

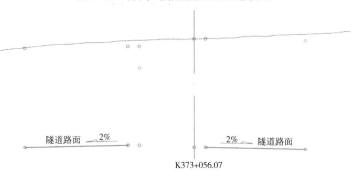

图 8-20 分离式路基隧道段横断面图

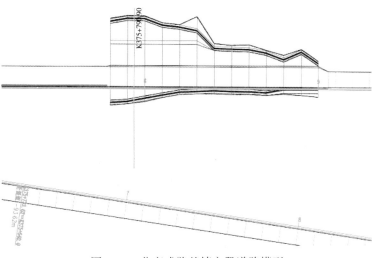

图 8-21 分离式路基填方段道路模型

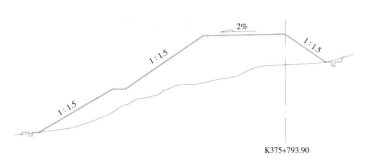

图 8-22 分离式路基填方段横断面图

经过查询设计资料，了解到为了减少占地，在路基段后期变更此处应设置路堤挡土墙，故手动添加挡墙偏移线，并在"道路特性"中的"目标"的左侧路肩挡土墙选项中选择对应的挡墙偏移线，重新生成道路模型。

　　在图 8-23 中，可以看到，绿色的多段线为手动添加的路堤挡土墙偏移线，通过拾取该偏移线，重新生成了道路模型，此时原来的第二级填方区域改为了路堤挡土墙，从而减少了工程占地。在图 8-24 中，横断面图联动实时生成，路堤墙用橙色表示。

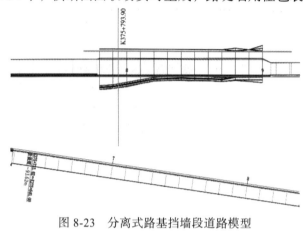

图 8-23　分离式路基挡墙段道路模型

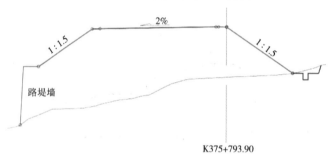

图 8-24　分离式路基挡墙段横断面图

　　在此例中，也可以将路堤墙设置为路肩墙。笔者将绿色偏移线移至靠近路线的有效范围内，在"道路特性"-"目标"中，【防护】-10-路肩墙选项卡中选中此绿色路肩墙偏移线（注意：道路左侧方向）。重新生成模型如图 8-25 所示。设置采样线，生成的横断面图为图 8-26，路肩墙颜色为黄色所示。

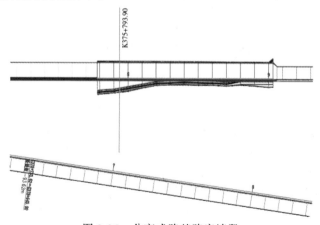

图 8-25　分离式路基路肩墙段

图 8-26　分离式路基路肩墙横断面图

路堑墙的设置方式类似于上述方法，本书不再重复。只需根据最新的挡防设施一览表中的防护类型和防护桩号，事先绘出相应的偏移线，在"目标"中拾取对应的偏移线，注意在拾取的过程中分清左侧右侧，重新生成道路模型即可。

8.2.2　互通道路

在做互通道路模型时，与主线道路类似，先参照互通区域曲面及互通主线及匝道路线，并加载"高速公路互通道路装配"。按照互通段的桥梁一览表及挡防一览表等信息，事先绘制出桥梁偏移线、挡墙偏移线等控制线。

与主线道路不同的是，互通道路由于受到加速车道、减速车道、匝道并线等因素的影响，路基宽度并不固定。因此在做互通道路时，需提前对照总体设计图，绘制互通主线及匝道的路基边线。如图 8-27 所示，图中红色为路线，黑色为路线边线。在生成道路模型时，需拾取该互通主线或匝道的路基边线。

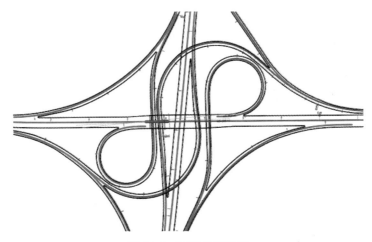

图 8-27　互通道路边线

（1）互通主线道路　图 8-28 是用"高速公路互通道路装配"生成的道路模型，与主线道路有所不同的地方大致有两点：一是在创建道路时，在"道路特性"-"参数"-"装配"中选择"高速公路互通道路装配"；二是在"目标"-"宽度或偏移目标"中选择项多了【路面】- 左右侧边线、【路面】- 左右侧相邻匝道平面、【路面】左右侧相邻匝道纵面等需要拾取目标的参数，如图 8-30 所示。设置采样线，生成的横断面图如图 8-29 所示，路面颜色为红色，填方边坡为绿色，边沟为洋红色。

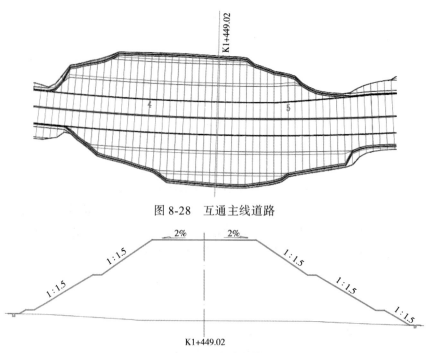

图 8-28　互通主线道路

图 8-29　互通主线道路横断面图

图 8-30　互通道路创建目标选择

（2）互通主线与匝道并线道路　与主线道路相比，互通道路更加复杂多变，尤其是在互通主线段与左右匝道并线的情况下，创建互通道路模型必须分清楚主线与匝道的位置关系、路基边线的拾取、装配中相邻道路平纵的选择等要素。装配会根据目标拾取情况，实现自动判断是否放坡、统一并线道路的纵断面高程等功能。

从图 8-31 可以看到，整个道路模型包含三条道路，其中互通主线（K 线）位于两条匝道之间，左边道路为 A 匝道，右边道路为 B 匝道。主线路基边线过鼻端后，与相邻匝道路基边线共线，并线段主线不放坡，并统一主线与相邻匝道在并线段的纵断面高程，匝道外侧放坡。模型中，路面颜色为红色，填方边坡为绿色。设置采样线生成的横断面图如图 8-32 所示。为区分不同道路，在横断面中，将 K 线设置为了蓝灰色。

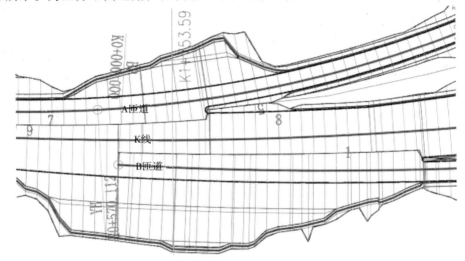

图 8-31　互通主线与匝道并线道路模型

K1+753.59

图 8-32　互通主线与匝道并线道路横断面图

（3）互通道路边坡剪切　在互通中，常见的还有两条或多条道路并线的情况，此时常常会出现边坡互相重叠的情况，在装配使用中，可以设置一根边坡剪切线，拾取并生成道路，道路在相邻方向的放坡会相交于边坡剪切线，不会出现放坡区域重叠的状况。

从图 8-33 可以看到，相邻道路均为填方边坡，K 线位于 D 匝道与 E 匝道之间，洋红色多段线为设置的边坡剪切线。若不设置此边坡剪切线，相邻的两条道路均会以地形曲面为目标，放坡到曲面处，从而导致放坡区域重叠，与工程实际不符。因此，在做这两条道路时，均应拾取该边坡剪切线，并注意剪切方向，生成的路基横断面图如图 8-34 所示，相邻道路放坡相交于边坡剪切线，不再往下放坡。挖方段边坡剪切线原理与填方段相似，不再举例说明。

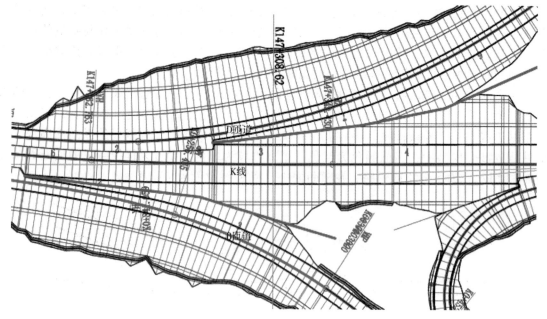

图 8-33　互通道路边坡剪切线

图 8-34　互通道路边坡剪切线横断面图

8.2.3　道路模型展示

　　道路模型制作完成后，笔者将其导入 InfraWorks 进行渲染展示。在此之前，可将先前生成的每条道路的道路曲面一并导入 InfraWorks，防止软件报错导致模型崩溃。

　　在 Civil 3D 工作界面点击一条道路模型，在菜单栏中点击"道路曲面"，如图 8-35 所示。

图 8-35　道路曲面

　　在弹出的对话框中，如图 8-36 所示，新建道路曲面，选择合适的曲面样式，此处设置为"边界，三角网"样式。导入相关的代码，将边沟的各个点代码及"路基曲面"添加进来。点击确定即生成了此条道路模型。

打开 InfraWorks，选择"AutoCAD Civil 3D DWG"选项。点击导入按钮后，找到笔者的道路模型文件，点击确定后，软件会连接到数据源，此过程需等待一段时间。

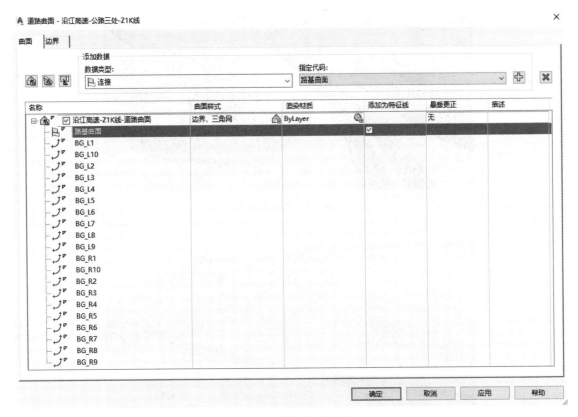

图 8-36　道路曲面选项

选择数据源时，勾选各条道路的"道路曲面"以及"Corridor Coverages"。应当说明的是，在 InfraWorks 模型中，由于笔者已经加载了路线（SDF）文件及项目（DEM）文件，因而不勾选"Roads"以及"沿江高速交通院段曲面"选项。点击确定后等待模型刷新完成。通过设置 InfraWorks 的样式规则，赋予各类代码不同的材质，达到理想的模型展示效果。

8.3　InfraWorks 模型示意图

刷新完成后，通过赋予代码不同的材质，呈现出直观的道路模型效果，以下为道路模型在 InfraWorks 中的展示效果，如图 8-37~图 8-42 所示。

图 8-37　整体式路基

图 8-38　整体式路基路肩墙及桥梁段

图 8-39　分离式路基填方段及隧道段

图 8-40　分离式路基桥梁段

图 8-41　InfraWorks 展示平台效果图

图 8-42　互通道路模型

参 考 文 献

［1］王杨阳，谷汉斌．BIM 技术在建筑工程中的应用与发展［J］．特区经济，2018，357（10）：131-134.

［2］吴丹丹．BIM 技术在公路设计中的应用［J］．山西建筑，2018，44（25）：153-155.

［3］何晓君．BIM 技术在公路设计中的应用价值研究［J］．公路交通科技（应用技术版），2018，14，164（08）：85-87.

［4］张宇．BIM 在城市轨道交通工程中的应用［J］．智能建筑与智慧城市，2018，258（05）：77-78.

［5］薛刚，王晓飞，冯涛．建筑信息模型 BIM 构件分类体系研究［J］．建筑技术，2018，49，581（05）：457-460.

［6］蒋科．BIM 技术在公路工程设计阶段中的应用技巧［J］．公路交通技术，2018，34，135（02）：17-21.

［7］何国亮．BIM 技术在公路设计中的应用与思考［J］．中国战略新兴产业，2018，148（16）：89-91.

［8］程兴园．BIM 技术在公路工程设计中的应用研究［J］．公路交通科技（应用技术版），2018，14，159（03）：33-35.

［9］张梦琪，李晓虹，熊伟．BIM 技术的发展现状与前景展望［J］．价值工程，2018，37，482（06）：212-213.

［10］张怀元，孟现彬．BIM 技术在公路设计中的应用［J］．科技经济市场，2017（12）：23-24.

［11］孙建诚，李永鑫，王新单．BIM 技术在公路设计中的应用［J］．重庆交通大学学报（自然科学版），2017，36，190（11）：23-27.

［12］刘厚强，董凤翔，杨咏漪．路基 BIM 构件设计关键技术［J］．铁路技术创新，2017（04）：16-18.

［13］周洪波，施平望，邓雪原．基于 IFC 标准的 BIM 构件库研究［J］．图学学报，2017，38，134（04）：589-595.

［14］韩红青，许华章．BIM 技术在公路设计中的应用与思考［J］．四川水泥，2017，249（05）：101-117.

［15］刘晓逸，梁婷．基于 Revit 的 BIM 构件标准化关键技术研究［J］．中国标准化，2017，492（04）：36.

［16］周洪波，施平望，邓雪原．基于 IFC 标准的 BIM 构件库建设方案研究．中国图学学会 BIM 专业委员会．第二届全国 BIM 学术会议论文集［C］．中国图学学会 BIM 专业委员会：中国建筑工业出版社数字出版中心，2016：7.

［17］李志华，甘先永．BIM 技术在公路设计中的应用与思考［J］．四川水泥，2016，242（10）：56+81.

［18］杨智书．基于 BIM 技术的深化设计应用研究［D］．广州：广州大学，2016.

［19］王茹，宋楠楠，蔺向明，等．基于中国建筑信息建模标准框架的建筑信息建模构件标准化研究［J］．工业建筑，2016，46，518（03）：179-184.

［20］宋楠楠．基于 Revit 的 BIM 构件标准化关键技术研究［D］．西安：西安建筑科技大学，2015.

［21］张弘弢，梁进．从北京 BIM 标准编制看中国 BIM 的快速发展［J］．建筑技艺，2014，221（02）：30-32.

［22］李犁，邓雪原．基于 IFC 标准 BIM 数据库的构建与应用［J］．四川建筑科学研究，2013，39，167（03）：296-301.

［23］李伟伟，王强强，王瑜．设计企业 BIM 构件库建设方法［J］．土木建筑工程信息技术，2012，4，14（04）：110-114.

［24］牛博生.BIM技术在工程项目进度管理中的应用研究［D］.重庆：重庆大学，2012.

［25］何清华，钱丽丽，段运峰，等.BIM在国内外应用的现状及障碍研究［J］.工程管理学报，2012，26，122（01）：12-16.

［26］潘婷，汪霄.国内外BIM标准研究综述［J］.工程管理学报，2017，31，152（01）：1-5.

［27］王婷，肖莉萍.国内外BIM标准综述与探讨［J］.建筑经济，2014，379（05）：108-111.

［28］曹毅.BIM标准的现状及其发展［J］.科技创新与应用，2012，（21）：256.

附　表

附表 1　工程输入参数信息表

序号	构件名称	参数名称	默认数值	参数类型
1-1	高速公路主线路面	挖方桥超挖深度	2	Double
1-2	高速公路主线路面	中央分隔带宽度	2	Double
1-3	高速公路主线路面	全幅路基宽度	25.5	Double
1-4	高速公路主线路面	土路肩坡度	0.03	Double
1-5	高速公路主线路面	行车道坡度	0.02	Double
1-6	高速公路主线路面	土路肩宽度	0.75	Double
1-7	高速公路主线路面	硬路肩宽度	3	Double
1-8	高速公路主线路面	单幅车道宽	3.75	Double
1-9	高速公路主线路面	行车道个数	2	Integer
1-10	高速公路主线路面	路缘带宽度	0.5	Double
1-11	高速公路主线路面	左行车道坡度	0.02	Double
1-12	高速公路主线路面	右行车道坡度	0.02	Double
2-1	高速公路互通路面	挖方桥超挖深度	2	Double
2-2	高速公路互通路面	左行车道坡度	0.02	Double
2-3	高速公路互通路面	右行车道坡度	0.02	Double
3-1	路肩墙	墙面坡度	0.05	Double
4-1	填方边坡	填方坡度	1.5∶1	Slope
4-2	填方边坡	填方高度	8	Double
4-3	填方边坡	填方平台宽度	1	Double
4-4	填方边坡	填方级数	2	Integer
5-1	路堤墙	墙面坡度	0.05	Double
6-1	边沟	边沟挖方坡度	0.30∶1	Slope
6-2	边沟	盲沟坡度	0.30∶1	Slope
6-3	边沟	挖方盲沟底宽	0.56	Double
6-4	边沟	填方盲沟底宽	0.3	Double
6-5	边沟	盲沟深度	0.4	Double
6-6	边沟	挖方边沟底宽	0.4	Double
6-7	边沟	填方边沟底宽	0.355	Double
6-8	边沟	挖方边沟深度	0.97	Double
6-9	边沟	填方边沟深度	0.72	Double
6-10	边沟	碎落台宽度	1.7	Double
6-11	边沟	拦水梗宽度	0.88	Double

序号	构件名称	参数名称	默认数值	参数类型
6-12	边沟	护坡道	0.88	Double
7-1	路堑墙	墙面坡度	0.05	Double
8-1	挖方边坡	挖方坡度	1	Double
8-2	挖方边坡	挖方高度	10	Double
8-3	挖方边坡	挖方平台宽度	2	Double
8-4	挖方边坡	挖方级数	2	Double
8-5	挖方边坡	最大挖方级数	11	Double

附表 2　标记点输出参数信息表

序号	构件	Point Name	Mark Name	传递的部件
1	高速公路主线路面	AP999	路线设计线点	防护部件 边坡部件 排水部件
		AP71	右幅右侧点	
		AP72	左幅左侧点	
2	高速公路互通路面	AP999	路线设计线点	防护部件 边坡部件 排水部件
		AP71	右幅右侧点	
		AP72	左幅左侧点	
3	路肩墙	无	无	
4	填方	P2	填方路基平台终点	防护部件 排水部件
		P3	填方路基边坡终点	
5	路堤墙	无	无	
6	边沟	AP1000	路线设计线点	路面部件 路肩挡墙部件 边坡部件
		AP999	路堤墙终点	
		AP998	填方路基平台终点	
7	路堑墙			
8	挖方	AP100	左/右侧边坡起点	路肩墙/挖方边坡
		AP106	剪切线点	路肩墙

附表 3　标记点输入参数信息表

序号	构件	标记点名称	标记点序号	源构件
1	高速公路主线路面	无	无	无
2	高速公路互通路面	无	无	无

序号	构件	标记点名称	标记点序号	源构件
3	路肩墙	"路线设计线点"	AP1	路面构件
		if（side = left，"左幅左侧点"，"右幅右侧点"）	AP2	路面构件
4	填方	if（side=left，"左侧路肩墙终点"，"右侧路肩墙终点"）	AP1	路肩墙构件
		if（side=left，"1~5 级填方终点 -L"，"1~5 级填方终点 -R"）	AP1	填方边坡构件
5	路堤墙	if（side = left，"左侧填方路基边坡终点"，"右侧填方路基边坡终点"）	AP1	填方边坡构件
6	边沟	AP1000	路线设计线点	路面部件
		AP999	路堤墙终点	路堤墙部件
		AP998	填方路基平台终点	填方边坡部件
7	路堑墙	if（side = left，"左侧边沟终点"，"右侧边沟终点"）	AP1	边沟构件
8	挖方	if（side=left，左侧边坡起点，右侧边坡起点）	AP1	填方边坡构件

附表 4　输出参数信息表（构件传递参数）

序号	构件名称	参数名称	参数类型	参数内容	参数说明
1	高速公路主线路面	路基存在性	Double	0	无路基
				1	有路基
				2	左路基，右无
				3	左路基，右挖方桥
				4	左无，右路基
				5	左无，右挖方桥
				6	左挖方，桥右无
				7	左挖方桥，右路基
				8	左挖方桥，右挖方桥
2	高速公路互通路面	路基存在性	Double	0	无路基
				1	有路基
				2	左路基，右无
				3	左路基，右挖方桥
				4	左无，右路基
				5	左无，右挖方桥
				6	左挖方，桥右无
				7	左挖方桥，右路基
				8	左挖方桥，右挖方桥
3	路肩墙	挡墙存在性	Double	0	不存在挡墙
				1	存在路肩墙
				2	存在路堤墙
		剪切线存在性	Double	0	不存在剪切线，边坡完全放坡
				1	存在剪切线

序号	构件名称	参数名称	参数类型	参数内容	参数说明
4	填方	路堤墙类型	Double	1	填土高度为 4m
				2	填土高度为 8m
5	路堤墙	挡墙存在性	Double	0	无挡墙
				1	路肩墙
				2	路堤墙
6	边沟	路基存在性	Double	0	无边沟
				1	有边沟
		挡墙存在性	Double	0	无边沟
				1	有边沟
		剪切线存在性	Double	0	无边沟
				1	有边沟
		挡墙存在性_路堑墙	Double	0	无路堑墙
				1	有路堑墙
7	路堑墙	无	无	无	无
8	挖方	路基存在性	Double	0	无路基
				1	有路基
		剪切线存在性	Double	0	不存在剪切线
				1	存在剪切线

附表 5　输入参数信息表（构件传递参数）

序号	构件	参数名称	参数类型	参数默认值	源构件
1	高速公路主线路面	无	无	无	无
2	高速公路互通路面	无	无	无	无
3	路肩墙	分离式存在性	Double	0	路面构件
		路基判断	Double	0	路面构件
4	填方	路基存在性	Double	0	路面构件
		挡墙存在性	Double	0	路肩墙构件
		路堤墙距离	Double	0	路肩墙构件
		剪切线存在性	Double	0	路肩墙构件
		分离式存在性	Double	1	路面构件
		边坡是否继续	Double	1	上级填方边坡构件
5	路堤墙	分离式存在性	Double	0	路面构件
		路基判断	Double	0	路面构件
		挡墙存在性	Double	0	路肩墙构件
		填方级数	Double	1	填方边坡构件

序号	构件	参数名称	参数类型	参数默认值	源构件
6	边沟	路基存在性	Double	1	路面构件
		挡墙存在性	Double	0	路肩墙构件
		剪切线存在性	Double	0	路肩墙构件
7	路堑墙	是否存在挡墙_路堑墙	Double	1	边沟部件
		分离式存在性	Double	0	路面构件
		路基判断	Double	0	路面构件
8	挖方	剪切线存在性	Double	0	路肩墙构件
		分离式存在性	Double	0	路面构件
		路基判断	Double	0	路面构件